政府或有债务风险研究

黄亦炫　著

中国财经出版传媒集团
中国财政经济出版社

图书在版编目（CIP）数据

政府或有债务风险研究／黄亦炫著. -- 北京：中国财政经济出版社，2021.5

ISBN 978-7-5223-0511-0

Ⅰ.①政… Ⅱ.①黄… Ⅲ.①公债－财政管理－研究 Ⅳ.①F810.5

中国版本图书馆 CIP 数据核字（2021）第 077197 号

责任编辑：郭爱春　　　　责任印制：史大鹏

封面设计：卜建辰　　　　责任校对：张　凡

中国财政经济出版社 出版

URL：http：//www.cfeph.cn

E-mail：cfeph@cfeph.cn

社址：北京市海淀区阜成路甲 28 号　邮政编码：100142

营销中心电话：010-88191522

天猫网店：中国财政经济出版社旗舰店

网址：https：//zgczjjcbs.tmall.com

北京财经印刷厂印刷　各地新华书店经销

成品尺寸：170mm×240mm　16 开　8.75 印张　150 000 字

2021 年 5 月第 1 版　2021 年 5 月北京第 1 次印刷

定价：68.00 元

ISBN 978-7-5223-0511-0

（图书出现印装问题，本社负责调换，电话：010-88190548）

本社质量投诉电话：010-88190744

打击盗版举报热线：010-88191661　QQ：2242791300

前　　言

政府债务与公司债务最重要的差别在于其有限的执法机制（Limited Mechanisms for Enforcement），公司债务遵循法律的强制管理，而政府债务的贷方只能依赖离岸法律或是债务人维护自身声誉的考虑。由于缺少强制偿还的运作机制，政府债务违约事件在世界经济史上屡见不鲜。经济学家通常从国家经济入手，对债务危机爆发的原因进行解释，如经济衰退、过度负债、资本外逃和货币贬值。然而，欧洲奉行的“债务经济”发展模式让问题变得更为复杂。全球金融危机的爆发，让政府面临的或有债务和隐性债务彻底浮出水面。国家担保和救助行为导致金融风险财政化，社会保障和养老金支出的刚性上升趋势将受益民众推向了“风口浪尖”，经济增速和公共支出反向变动，财政政策空间被迫诉求于不断积累的政府债务。本书认为发端于2009年的欧洲债务危机在很大程度上是政府承担或有债务所致，且主要来自人口、福利、金融三个方面。因此，从或有、隐性债务风险的视角研究欧洲债务风险传导机制是本书的一项重点内容。

与国外政府或有债务相比，国内人口老龄化及其引发的社会保障资金缺口问题尚未爆发，部分学术意义上的或有债务在我国仍处于潜伏期，但是以融资平台等国有企业负债为首的地方政府隐性债务成为具有中国式特征的政府债务，也是已经确定的政府或有债务，并以“违法违规举债和变相举债”进行界定。这是中央政府在特定时期应对宏观经济变化的客观需要，也是遏制地方隐性债务风险进一步向上传导的现实要求。如何充分利用当前宝贵的改革时间窗口期，厘清我国特殊的政府债务理论渊源与宏观风险，是本书尝试解决的另一项重点内容。

当前地方政府隐性债务正处于化解阶段，为了防止新冠肺炎疫情造成的短期经济冲击演化为长期经济损伤，政府出台了多项政策优惠，在继续推进隐性债务化解工作的同时，加大了地方政府债券规模。若隐性债务化解方式缺乏预见性、精准性和动态性，容易造成“风险处置的风险”，导致融资平台流动性紧张、地方政府投资断崖式下滑；并且，在中国特色分权体制下，为稳定全国经济增长，或将倒逼政府形成新的或有债务。

“明者远见于未萌，智者避危于无形”，从或有负债视角研究政府债务风险不仅是各国宏观经济部门科学决策的迫切需要，也能够为解决我国财政金融领域风险隐患提供理论依据。

作者

2021 年 3 月

目　　录

第1章　引　　言

1.1　政府或有债务风险的研究背景

从20世纪80年代起，债务危机就陆续发生在发展中国家和新兴市场，墨西哥、俄罗斯、阿根廷、委内瑞拉、印度等国家均受到不同程度的债务困扰。2008年美国家庭部门不良负债过多所引发的“次贷危机”则把“导火线”引向了发达国家和欧洲大陆。从冰岛到希腊，欧洲国家相继爆发债务危机。

经济学家通常从国家经济入手，对债务危机爆发的原因进行解释，如经济衰退、过度负债、资本外逃和货币贬值。然而，欧洲奉行的“债务经济”发展模式让问题变得更为复杂。

受益于较低的汇率压力和欧元区内各国相互借贷的优惠利率，银行追求更高的超额回报，政府也有能力维持较高的社会福利水平，在正常情况下“债务经济”既能维持政府国际收支账户均衡，也转移了国内高通胀的风险。但是全球金融危机的爆发，让政府面临的或有债务和隐性债务浮出水面。伴随着次级贷款抵押债券的价值骤减，大批投资银行乃至商业银行面临破产，欧洲也不例外，为了避免金融服务供给出现混乱，国家担保和救助行为导致金融风险财政化，政府增发了大量主权债务，这些增发的债务融资成本很高，且难以使用税收进行偿还，被迫进行债务重组或债务稀释，以希腊、西班牙、葡萄牙、爱尔兰、意大利为首的欧元区边缘国家主权信用随之恶化，欧债危机全面爆发。在国际债权人的干预下，危机国家秉承“紧缩、降福利、私有化”的八字方针开始了“救赎之路”。然而，改革进行得并不顺利，紧缩的财政政策导致了内需萎缩，与国际债权人的谈判也多次陷入僵局。对于本轮危机的欧元区国家来说，社会保障和养老金支出的刚性上升趋势将受益民众推向了“风口浪尖”。政府出于政治需要，无法主动调整过度透支的福利政策，经济增速和公共支出反向变动；而相对于中青年人来说，老年人更依赖公共福利的供养，故更倾向于投票支持主权债务违约。在居民和政府均无法主动调整的两难局面下，政府债务风险难以释放。

在世界各国受到广泛关注的政府债务问题离我国并非遥不可及，国内相应的问题来自广义政府性债务，除了截止到 2016 年高达 31. 1 万亿元的直接政府债务外，还包括地方政府融资平台债务（44. 3 万亿元）、国有企业债务（产业类国企 37 万亿元）、银行不良资产形成的或有负债、养老金隐性债务。当支付缺口出现时，政府将基于道义为该类债务承担预算外支出责任，如川煤集团和中煤华昱一度出现债务违约，最终在政府支持下才足额兑付本息。“明者远见于未萌，智者避危于无形”，从或有负债视角研究政府债务风险不仅是各国宏观经济部门科学决策的迫切需要，也能够为解决我国财政金融领域风险隐患提供理论依据。

1. 2 关于政府或有债务风险的基本判断

政府或有债务是政府为保持政治、经济、社会稳定而选择承担的潜在风险。其原因主要包括：第一，政府追求的是满足人民日益增长的物质文化需要，化解公共风险，而不是自身利益最大化，因此，政府需要承担相应的预算外支出。第二，由于西方国家政府的竞选机制所致，政客为了获取选票，时常会在竞选过程中夸大政策目标，盲目提高福利水平和薪资待遇。第三，关系国家命脉的重点行业存在道德风险，以金融行业最为严重，仰仗政府的担保与救助追求高风险以提高利润。第四，政府出于自身预算限制，对于一些建设项目采用隐性担保的形式，建设主体也往往是国有企业，如果投资失败，则需要政府买单。

政府或有债务的确定化过程，也是国家债务结构变化的过程。或有债务如果由政府承担，将增加政府债务，进而导致政府债务风险提高；如果由市场承担，将增加企业债务或居民债务，对政府债务风险影响较小。需要指出的是，确定化特指由政府承担债务的过程，一旦政府债务规模增加，将会带来一系列经济影响，如财政方面消减既定的支出项目，出售国有资产、增加税收等，严重时甚至威胁到财政的可持续发展，进而影响宏观经济运行。

政府或有债务风险的来源多种多样，凡是可能需要政府承担最后偿付责任的债务都能包含进来，如战争、灾难、突发事件。结合欧洲国家的现实情况，经济发达但增长缓慢，老龄化问题严重，福利制度与经济发展不匹配，政府奉行市场经济却屡次出手干预，其面临的政府或有债务风险主要来自人口、福利、金融三个方面。与之相比，我国政府或有债务风险尚未完全确定，当前政府或有债务风险主要来自地方政府隐性担保及违法违规举债。

对于政府或有债务的计量是非常困难的，一是债务涵盖“黑天鹅”和“灰犀牛”，需要确定隐性因素及或有事项；二是或有因素造成的经济风险尚未发生，难以衡量；三是政府介入的程度不易判断，需根据风险大小来确定；四是由于存在政府兜底预期，经济主体可能产生道德风险，从而面临事前道德风险，事后相互博弈的恶性循环。因此，对于不同类型的政府或有债务，有必要分门别类进行剖析。

1.3 本书探讨的主要问题

结合国内外政府或有债务产生的原因及风险因素，本书以欧债危机为线索，将视角主要聚焦于人口老龄化、福利制度错配、政府担保和金融救助等方面，最后落脚到我国的地方政府隐性债务问题。

人口老龄化将在未来很长一段时间制约着欧洲乃至发达国家的经济发展，从财政收支两端降低政府经济实力。在财政收入方面，税收政策对于人口年龄结构十分敏感，老龄化将损害税基；在财政支出方面，老年人口的增加要求政府必须加大对养老金的投入，这部分刚性支出无法形成资本性收益，导致政府大量发行庞氏融资性质的主权债务。与此同时，脱离了经济发展约束的福利制度进一步恶化了欧洲国家的财政状况，高福利制度不仅拖累了欧洲福利国家的经济增长，也加剧了财政负担，尤其是与经济增长和财政能力不匹配的福利制度是希腊等国家债务危机的内在致因。退休后收入高于退休前净工资收入、提前退休惩处轻微等问题导致了现收现付制度下养老金收支体系难以自给自足。

如果说老龄化和福利制度错配是政府债务风险的长期影响因素，那么，政府对金融机构的救助和担保则在短期内恶化了政府信用水平。金融机构经营不善造成大量资产贬值，如不良贷款和投机行为，政府从化解公共风险的角度出发，担保、注资、救助和经济刺激计划多措并举，相应的成本则是政府信用下降，主权债券贬值。银行作为政府债券的持有者，政府信用下降势必降低银行的资产质量，债务风险在银行和政府之间最终形成“闭环”。因此，金融救助虽然有助于维护经济部门的短期稳定，但是代价沉重；从长期来看，银行救助更像是政府的一种秃鹫投资，随着经济复苏，政府一方面维护了经济发展，另一方面获得投资收益。正如“一张保单没有收到索赔要求，不意味着它可以免费提供”，金融部门的高风险投资经营将提高政府债务的或有风险。

政府或有债务风险在我国对应的问题是地方政府隐性债务。由于存在政府担保机制，地方政府融资平台债务和产业类国企债务违约频发，政府担保增信行为已经出现，地方政府债务风险也已经充分反映在我国主权信用评级中。同时，养老金缺口和金融机构的不良资产问题尚未爆发，目前仍存在一定的时间窗口期，相应的风险缓释对策值得探讨。

第2章　政府或有债务风险理论

本章基于欧债危机的实践特征，追溯债务风险的理论演进。通过层层分析可以发现，政府或有债务风险产生于财政风险，而不止于财政领域。伴随着债务危机的频发，在金融市场、社会和制度层面也出现了相应的理论研究。

2.1　欧洲主权债务危机中的政府或有债务风险

2.1.1　人口结构老龄化

随着第二次世界大战后“婴儿潮”的逐步老龄化，在过去几十年里欧美等发达国家相继出现了老龄化社会特征，其中一个重要趋势是在职劳动者与退休者的比例不断下降。这种趋势一方面制约了养老金缴费收入的增长，另一方面导致了养老金领取者人数不断增加。面对这种情况，郑秉文（2011）曾以“老龄化成本”为分析工具，就欧洲养老金制度的诸多缺陷及债务危机的隐性推动因素进行研究，认为现收现付养老金制度具有较强的债务隐蔽性和较高的财务脆弱性，应将人口结构的变化纳入债务分析框架，以反映真实的公共财政状况。进入21世纪以来，老年人口占总人口的比重逐年升高，在财政支出中，与老年人相关的支出居高不下。Andersen（2012）研究发现人口结构变迁在全球领域正逐渐展现，生育率升高往往是临时现象，不具有可持续性；随着高龄人口死亡率的降低，寿命预期将继续延长。Checherita 和 Rother（2012）认为，尽管不同国家和地区之间存在某些差异，人口预测明确显示出抚养比的上升趋势，而老年抚养比的提高所导致的政府债务增加已成为阻碍欧洲经济增长的桎梏。事实上，老龄化作为人口结构变迁过程中的重要问题已经成为全球的共同话题，《世界人口老龄化报告》指出，当前世界人口特征是生育率的下降和预期寿命的延长，即青壮年人口正在步入老龄化。与此同时，老年人口在继续高龄化，在全球范围内 80 岁及以上的老人（通常称为"高龄老人"）比例已经从 1950 年的 7% 增长到了 2013 年的 14%，"银色浪潮"正在席卷全球。预计到 2050 年，发达国家人口的平均预期寿命将达到 83 岁，发展中国家也将达到 74 岁。预期寿命的延长意味着高龄老人占比的提高，在人口总数维持稳定的情况下，高龄化将进一步降低全社会的劳动供给，增加养老、医疗等方面的财政支出，进一步加重"老龄化成本"。

回顾十年前那场"欧债危机"，社会保障和养老金支出的刚性上升趋势将受益民众推向了"风口浪尖"。执政党为了维持统治，即使过度透支财政也要保持福利政策，以获得支持；而相对于中青年人来说，老年人更依赖公共福利的供养，故更倾向于投票支持主权债务违约（钟伟等，2013）。在居民和政府均无法主动调整的两难局面下，政府或有债务风险逐步显现出来。

2.1.2 社会保障制度与经济发展错配

欧洲作为老龄化最为严重的地区之一，老龄化增加了养老金领取人数，而降低了缴费的工作人数，政府财政实际承担了现收现付制度下的资金缺口（郑秉文，2011；鲁全，2012）。也就是说，一旦政府融资成本持续上升，代际收支平衡将被打破。如图 2－1 所示，从统计数字上看，欧盟 27 国和欧元区 18 国的老年抚养比均在 20% 以上，高于全球平均水平，且仍在逐年递增；爱尔兰和希腊作为债务危机的典型国家，两国于 2011 年后出现分化，通过有效的社会保障制度改革，爱尔兰社保支出逐年降低，债务风险随即缓释，而希腊仍然居于高位。

欧洲国家面临着福利水平过高带来的种种弊病。由俭入奢易，由奢入俭难，人们已然习惯了安逸舒适的生活节奏，享受着"带薪休假"，领取着高额

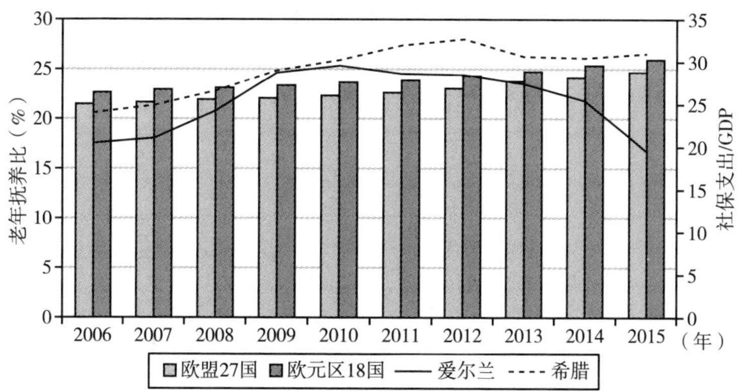

图 2－1　欧洲国家老年抚养比与社保支出情况

的退休金，即便失去工作也能够获得政府提供的失业保障资金。直到债务危机爆发前夕，一些欧洲国家的养老金替代率和退休后相对收入仍在刷新历史新高。正如新自由主义学派所言，过度慷慨的福利制度挫伤了人们的劳动积极性，主动失业与提前退休时有发生。一旦现收现付制[①]的退休保险制度无法满足退休人员的养老金支出，财政手段就成为政府维持现行制度的“救命稻草”，至此欧洲国家进入了“债务经济”的发展阶段。高福利制度不仅拖累了欧洲福利国家的经济增长，也抬高了福利制度成本，并加剧了财政负担。在此背景下大量到期债务成为悬挂在政府当局头顶的“达摩克利斯之剑”，面对不断攀升的融资成本，代际负担已然难以持续。发端于 2009 年的欧洲主权债务危机在很大程度上是欧洲国家社会保障财政危机的延伸和深化，福利制度安排与经济发展水平的错配导致债务危机不断升级。

2.1.3　政府担保与金融救助

从金融部门和政府部门的风险传导来看，全球金融危机给欧洲金融机构带来了大量与次贷相关的资产减计和损失，为了保持市场正常运行，各国政府被迫向受困金融机构提供了纾困计划。政府担保、注资等一揽子政策的实施对公

① 现收现付制养老保险是使用就业人员缴纳的养老保险费支付当前退休人员的养老保险金，当前就业人员将来年老退休，再起用下一代就业人员缴纳的保险费。

共部门的资产负债表造成了恶劣影响（王益，2012；杨继梅和齐绍洲，2016）。图2－2显示了欧洲债务危机国家的银行不良贷款和政府债务规模情况，用线形图表示政府负债率，柱形图表示不良贷款率，可见，二者的共同趋势明显。

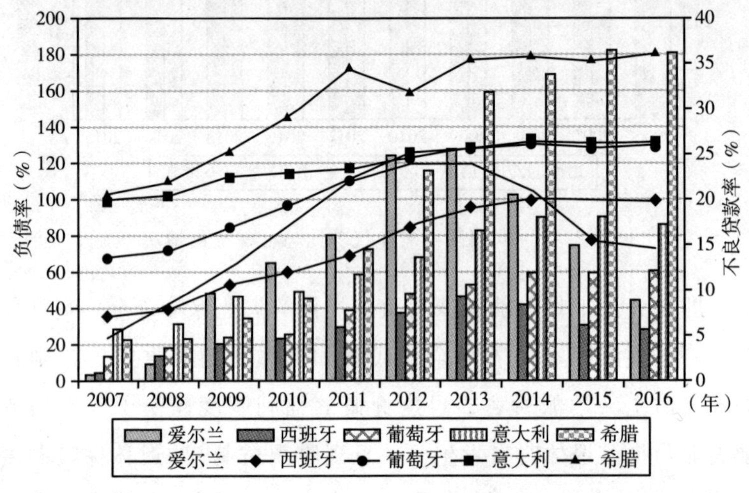

图2－2 欧洲国家政府债务与银行不良贷款情况

由于购买了大量的美国次级债，在次贷危机爆发后，欧洲金融机构出现了大量与次贷相关的资产减计和损失，全球金融危机使银行面临的市场风险和流动性风险也将逐步增加，欧洲各国政府为了维护市场稳定，不得不表态为濒临破产的金融机构提供一揽子救助计划，如担保、注资、政策优惠等。这一举措给政府带来了大量的或有负债，对公共部门的资产负债表造成了恶劣影响。自从2008年9月雷曼兄弟破产后，大批国家下令对于系统性银行的负债提供担保程序，以避免或延缓其破产，欧洲成了重灾区。英国政府在2008年8月宣布了银行担保的一揽子计划，总金额高达8500亿美元，德国、比利时、荷兰、卢森堡和法国等国政府也都大举入股本国银行业。然而情况并未好转，2011年欧洲银行间市场融资再度吃紧，银行之间的相互持股带来了连锁反应。由于储蓄率较低，欧洲政府债务严重依赖外部融资，财政缺口扩大与债务规模高企使希腊政府无法通过借新债还旧债实现债务循环，率先爆发了债务危机。此时，政府为银行提供担保转化为了对银行进行多种手段救助，如意大利政府鼓励银行购买公共房产用作借款抵押，葡萄牙政府向养老基金借款用于为国有企业偿还银行贷款，西班牙政府则动用了 52 亿欧元的存款保证基金。

另外，金融部门既是政府担保的对象，又是政府的债权人，一旦政府出现信用风险，金融部门持有的政府债务的价值和政府担保对于金融部门的利好同时降低，银行资产（政府债务贬值，抵押品损失）也将受到损害，这种联动效应使得风险在银行和政府之间形成“闭环”。救助行为的出发点是降低整体经济风险，将风险在银行和政府之间重新分配，但是缺乏约束的救助行为更容易引发道德风险，扭曲了未来金融部门的激励机制，导致公共风险再次升级。

2.2　政府或有债务风险的理论渊源

2.2.1　财政风险理论

财政是一种政府行为，对财政风险的讨论需要从政府的公共角色开始。政府拥有公共资源和权力，也需要承担相应的支出责任，其目的是调节经济运行，控制公共风险，维护社会稳定，以公共财政风险对冲其他公共风险。

财政风险包括收入风险、支出风险、赤字风险和债务风险等（刘尚希，2003）。在收入层面，即财政收入不可持续；在支出层面，即政府无法筹集足够的资金用于公共支出；在债务层面，政府受到市场约束和公众信心的约束，债务规模难以扩大，如近年来美债上限的提高伴随着国会和舆论的重重压力；在最为严重的财政层面，政府需要依靠征税权、铸币税和债务重组以维持自身的运转，这将造成严重的社会动荡和经济衰退，欧债危机便是如此。

财政风险之所以如此严重，还要从政府的双重身份来看。第一个身份是经济主体，和企业、居民共同构成三部门经济。作为经济主体的政府需要处理一些操作层面的经济活动，如投资、赔偿、亏损。这些都是预算中明确规定的事项，和其政策目标关系不大。另一个身份则是公共主体，政府拥有公共资源，也掌握着国家权力，自然成了承担公共风险的最后责任人，这也是其他经济主体无法承担的，因此政府会作出制度性安排，以保障各经济主体的平等。下面提到财政风险问题，主要是从政府的公共主体身份出发进行探讨的。

Hana（1998）创造性地设计了四象限的财政风险矩阵，如表 2－1 所示，首次明确界定了隐性债务和或有债务。从会计视角来看，财政风险矩阵体现了"审慎原则"对各种不确定性因素以及由此带来的风险和损失。从实务方面看，财政风险矩阵能够反映政府真实的债务状况。

表 2－1 财政风险矩阵

债务	直接负债（在任何条件下都存在的债务）	或有负债（在特定时间发生的债务）
显性负债（由法律或合约确认的政府债务）	1. 国家债务（中央政府借款和发行的债券） 2. 预算涵盖的开支（非随意性支出） 3. 法律规定的长期性支出（公务员工资和养老金）	1. 国家对地方政府、公共部门和私人部门的债务担保 2. 国家对各种贷款（抵押贷款、学生贷款、农业贷款）的保护性担保 3. 国家对贸易和汇率的承诺担保 4. 国家对私人投资的担保 5. 国家保险体系（存款保险、灾害保险等）
隐性负债（反应公众和利益集团压力的政府道义责任）	1. 未来公共养老金（非公务员系统） 2. 社会保障计划（非法律硬性规定） 3. 公共投资项目的未来维护成本	1. 地方政府、公共实体或私营实体非担保债务的违约 2. 银行破产（超出政府保险以外的救助） 3. 非担保养老基金、就业基金、社会保障基金的破产 4. 中央银行所承担义务（外汇合约、货币保护、国际收支差额）不能履约 5. 其他紧急财政援助（如在私人资本外逃的情况下） 6. 灾害救济、军事拨款等

2.2.2 政府债务理论

隐性债务和或有债务扩展了政府债务的外延，但其本身的概念是含糊不清的，大多研究更关注于分析政府债务的口径问题，缺少政府债务的内涵和认证标准。从会计角度来理解，账目上可观测到的政府债务是一种“事后”债务，如果按照会计标准认定债务，对于经济主体而言虽然可行，但政府作为公共主体承担大量推定债务，仅从“历史客观”的角度确认债务风险则存在疏漏。双重属性作为政府债务认定复杂化重要原因，在防范和化解公共风险面前，对于重要金融机构的危机救助不可避免。因此，政府债务还应当包含“事前”债务，也就是说，在事情还没有发生时，支出的责任已经包含在政府的未来支出中。从过去的历史中可以发现，“事前”债务具有更大的不确定性，是未来财政支出的关键因素。按此逻辑，政府债务可以表述为政府发行并承担最后偿付责任的债务，包括国家所负担的内债和外债总和。

根据财政风险矩阵，本节提出了政府债务矩阵，如表 2－2 所示。可以看出，每个类型的负债相互交叉，互相转换，按照不确定的大小可以分为显性直接负债、隐性直接负债、显性或有负债和隐性或有负债。

表 2－2　　政府债务矩阵

类型	不确定性程度（小 → 大）		
	直接负债	或有负债	
显性负债	1. 债务事项确定 2. 债务要素确定（如金额、期限、债权人和债务人信息）	1. 或有事项确定 2. 债务事项不确定 3. 债务要素不确定	不确定性程度（小 → 大）
隐性负债	1. 债务事项确定 2. 债务要素不确定	1. 或有事项不确定 2. 债务事项不确定 3. 债务要素不确定	

在现行统计制度下，显性直接负债是明确浮出水面的，显性或有债务是半透明的，隐性债务是完全在水面以下的，政府债务全貌实际上是“冰山式”的债务结构。因此，显性直接负债最为常见，不再赘述。下面从矩阵其余三个部分具体分析：

显性或有负债与政府具有十分明确的法律关系，但政府并没有“优先”清偿这些债券的义务，对于这类债务，政府最后要承担的债务责任金额往往不明确。通常政府可以利用这部分债务进行产业结构调整、招商引资、给予企业支持。与财政部发行的国债相比，省去了许多政治决策程序，但是也容易造成财政风险积累。

隐性直接债务是社会公众“推定”给政府的，属于道义上的债务，从经济学角度分析，政府主动承担公共风险更有利于降低整个社会的风险成本。增加养老、医疗和社会救济福利支出都属于此类债务，但是该项支出不受法律规范的约束。

隐性或有债务更为广泛，任何可能引发公共风险的事件，都可能形成这类债务。在现代社会，金融危机、自然危机都极有可能引发广泛的公共风险，危害社会稳定。但是在事发之前，政府要承担的责任却难以确定，但未来的支出责任属于政府部门。

从财政平衡理论来看，政府债务是财政收支不平衡所导致的。追溯债务产生的历史可以发现，在古典自由主义时期，政府债务主要源自战争；而在政府干预主义时期，政府债务成了实现政策目标的重要手段。在 20 世纪 30 年代，当时爆发了严重的经济危机，以凯恩斯理论为纲的罗斯福新政能够成功表明了债务经济的有效性。各种观点主张具有一个共同的逻辑切入点：政府债务是生产性的还是非生产性的。

若从公共风险的角度分析，政府作为公共主体的功能不能简单运用“债务是否具有生产性”的概念涵盖。不论是战争、经济萧条、大量失业、社会动荡，都属于公共风险，公共债务的使命有一个共同点就是防范化解公共危机。从这个视角观察，不论政府债务融资的手段是什么，凡是有助于防范与化解公共风险的举债，都是正当且合理的。

在政府债务风险分析中，国债负担率是一个常用的指标，即政府债务与经济总量之比。实际上，政府债务和经济总量相互影响，是一种历史的循环关系。虽然萨缪尔森说过，“1970 年看来的一笔庞大的债务，在今天是微不足道的”，但这只是一种表面现象，立足于经济学的逻辑假设。一味地扩大债务就会对资源配置产生消极影响，反而阻碍经济增长。换句话说，增加政府债务的作用在于雪中送炭，而并非锦上添花。更通俗地说，债务是药，而不是保健品，只能治病，不能强身。因此在良性循环状态下，政府债务引发的财政风险是收敛状态的；而恶性循环状态下，政府债务引发的财政风险是发散的。如表 2 – 3所示。

表 2－3　主权债务的性质

类型	直接负债	或有负债
显性负债	1. 性质：法定债务 2. 来源：政府发行 3. 透明度：高 4. 不确定性：小 5. 风险可控性：强	1. 性质：法定责任和义务 2. 来源：相关政策 3. 透明度：低 4. 不确定性：大 5. 风险可控性：弱
隐性负债	1. 性质：道义上的债务 2. 来源：政府的长期规划和承诺 3. 透明度：低 4. 不确定性：较大 5. 风险可控性：较弱	1. 性质：道义上的责任和义务 2. 来源：政治、社会压力 3. 透明度：极低 4. 不确定性：极大 5. 风险可控性：极弱

按照风险权重由高到低排列如下：隐性或有负债 > 显性或有负债 > 隐性直接负债 > 显性直接负债。从表 2－3 可以看出，只有显性直接负债在现行统计制度下比较透明，而其他三类债务很难进行具体量化，这种债务结构容易误导决策，诱发政府走向庞氏融资的陷阱，阻碍经济增长的可持续性。

政府债务结构的变化将在未来一段时间逐步显现出如下特征：一是突发性支出增加，在全球化的信息时代，黑天鹅事件此起彼伏，政府面临的或有债务与隐性债务随时可能转化为显性负债，这也是应对公共风险所付出的执政成本；二是政策目标多样化，为了更好地拉动经济增长，政府可能出台相应的政策以辅助相关企业，如市场上常说的政策利好，为企业提供担保和优惠措施等，那么与目标相关的或有负债也会相应增加；三是随着人们生活水平的提高，对社会福利的需求也在增加，如养老保险计划、社会医疗保障、失业保险等，势必增加政府潜在负债。这些变化一方面扩大了主权债务的规模，同时也增加了其不确定程度，债务风险将会成倍放大。

由于政府债务存在是否可持续的问题，巨大的债务规模势必增加可持续性压力，因此，政府债务适度规模理论应运而生。该理论的原理要求政府债务对于经济增长的边际效应为 0，即增加债务无法产生正向的经济影响。当政府债务小于适度规模时，债务扩张将促进经济健康发展；一旦债务过量，则会造成经济负担，进而产生违约风险、收益率上升、举债成本增加等情况，如在欧债危机中希腊、西班牙等国的债务发行价已突破 7% 的生死线。早前欧洲货币体系（European Monetary System，EMS）曾根据以往经验制定了一系列指导标准，即《马斯特里赫特条约》中规定财政赤字不得突破3%，而政府债务规模应低于GDP的60%。然而1991年制定的条约并不能约束各国财政突破的步伐，以德国为首的核心欧洲国家先后“出轨”。由此可见，虽然国债适度规模理论的存在是历史性的，但是从动态的角度来看，固定的比例难以持续，同时各国政府为了追求自身利益也会想方设法进行举债。

由于国际债权人的出现，政府债务不仅是一国政府的内部事务，更是国际债权人一起协商解决的超主权事务，关于主权债务（Sovereign Debt）的定义也应运而生。但我国几乎没有外债，国内学界从欧洲债务危机时期才正式启用主权债务这一表述。

2.2.3 主权债务违约风险

主权债务违约风险指的是债务规模长期持续扩大给按时偿付所带来的不确定性，大量到期主权债务一旦无法偿付，主权国家甚至其所在地便会爆发债务危机。从20世纪90年代起，主权债务危机就陆续发生在墨西哥、俄罗斯、阿根廷、冰岛、迪拜、希腊等国，经济学家将债务危机的根本原因归结为经济衰退、负债过多、资本外逃和货币贬值四种类型。

根据经典国际直接投资折衷理论（Eclectic Theory），随着债务违约风险的增加，东道国区位优势（如良好的政策环境、丰富的自然资源与人力资源、较高的科技水平与人均收入等）将发生相应的变化。具体来说，一是对境内海外企业利润间接征用，如利用外汇管制措施对跨国公司利润和资本汇回母国比例实施限制等；二是债务违约风险增加将迫使政府实施削减开支，减少赤字的政策，使国内公共及私人需求锐减，降低投资回报率，损害境内企业的盈利基础；三是债务国的银行业风险敞口会不断增大，其造成的信贷紧缩和贷款利率上升也将使国内企业的生存环境进一步恶化；四是通过增发货币导致通货膨胀和本币贬值以减少实际债务水平。

在资本市场中价格因素同样反映了违约风险。郑振龙（2012）认为，金融资产价格中包含了市场、基本面、估值等信息，通过有效的信息提取，可以将风险进行分解。学术界日益重视通过价格处理提炼有效信息，注意到金融资产的价格隐含着众多市场参与者对信用主体未来违约信息的预期，并在公司金融领域得到广泛应用，因此可以从相关金融产品的价格数据中提取风险信息来研究主权债务违约风险。早期研究多直接使用市场价格，如一级国债市场发行利率和国债到期收益率。伴随着创新型金融工具的开发和衍生，主权信用违约互换（Sovereign Credit Default Swap，CDS）凭借其保险属性在近几年发展迅速，国外学者已经将其价差（CDS Spread）作为债务违约风险的重要指标（Ammer 和 Cai，2011；Longstaff 等，2011），其中以 5 年期 CDS 最为常用。作为普遍流通的金融衍生品，主权 CDS 的价格（Spread）包含了主权债务信用风险的市场信号，多空双向的交易模式相对于主权债券本身拥有更加合理的价格走势。众所周知，2008 年金融危机后欧洲国家的 CDS 合约价格随着国家主权债务规模的上升而明显升高；在 2011—2012 年以西班牙、希腊和意大利为首的南欧国家主权 CDS 再次飙升。郭敏等（2015）指出利用主权 CDS 作为经济基本面分析的补充，一方面改善了宏观数据更新速度慢的弊端，另一方面为衡量缺乏可靠宏观数据的发展中国家主权债务违约风险提供了有力的市场化工具，能够更精准、更敏感、更具前瞻性的衡量主权债务风险。

通过观察欧洲主要国家的主权 CDS 合约价格走势，可以发现：一是部分高负债欧洲国家在金融危机后 CDS 合约价格随着国家主权债务规模的上升而明显升高；二是如德国等经济发展良好、债务适度规模的国家在 2011—2012 年 CDS 合约价格也出现了不同程度的波动。因此，利用主权 CDS 作为经济基本面分析的补充，一方面改善了宏观数据更新速度慢的弊端，另一方面为衡量缺乏可靠宏观数据的发展中国家主权债务违约风险提供了有力的市场化武器。

由于 CDS 合约可以双向交易，买卖双方分歧越大，合约价格的波动性越大，故可利用其对数收益率观测出主权国家信用在某一时段的即时风险。对数收益率波动范围表示主权 CDS 合约价格偏离均衡价格程度，波动幅度增加意味着主权债务违约风险的增加。

首先以欧洲的西班牙和德国为例，西班牙 CDS 合约价格的对数收益率在 2008 年 9 月金融危机爆发后波幅巨大，随后希腊债务危机延续了波动的时间跨度，直到 2010 年下半年才略有好转。但好景不长，2011 年年底，西班牙财政部发行的新一轮十年期国债收益率超过7%的警戒线，拉响西班牙债务危机警报，CDS合约收益率在此期间波幅再次加大（如图2-3所示）。通过对比穆迪与标准普尔评级公司的历史评级数据可以发现，在2011年、2012年两大机构多次下调西班牙主权信用等级（如表2-4所示），而调整时间均在CDS指标大幅波动之后，具有明显的滞后性。

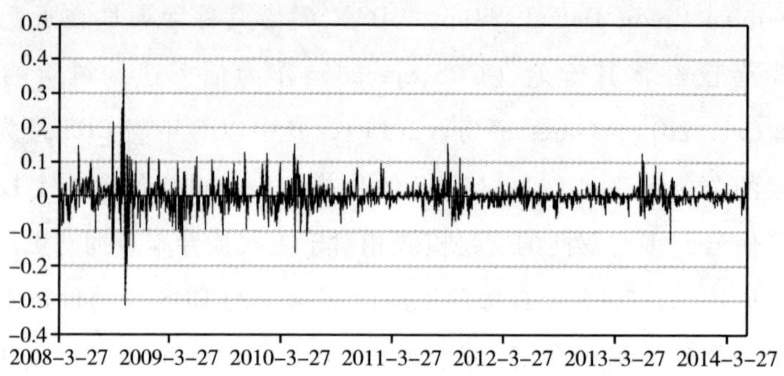

图2-3 西班牙主权信用风险变化情况

资料来源：彭博数据终端，由作者整理所得。

表2-4 西班牙主权信用评级变化情况

穆迪		标准普尔		
评级时间	长期外币级别	评级时间	长期外币级别	展望
2014/2/21	Baa2	2013/11/29	BBB -	稳定
2013/12/4	Baa3	2012/10/10	BBB -	负面
2012/10/16	Baa3	2012/4/26	BBB +	负面
2012/6/13	Baa3	2012/1/13	A	负面
2012/6/13	Baa3	2011/12/5	AA -	负面关注
2012/2/13	A3	2011/10/13	AA -	负面
2011/10/18	A1	2010/4/28	AA	负面
2011/7/29	Aa2	2009/12/9	AA +	负面
2011/3/10	Aa2	2009/1/19	AA +	稳定
2010/12/15	Aa1	2009/1/12	AAA	负面关注
2010/9/30	Aa1	2005/11/1	AAA	稳定
2010/6/30	Aaa			
2001/12/13	Aaa			

资料来源：穆迪与标准普尔公司网站，由作者整理所得。

德国作为欧洲老牌经济强国，虽然自身经济发展保持稳定，但面对金融危机和欧债危机的双重打击也受到了显著影响，2008—2011年德国主权CDS合约收益率小幅波动，2012年以后进入稳定时期，如图2-4所示。同期评级机构对德国长期外币评级维持AAA级和Aaa级不变，也与CDS指标相吻合。

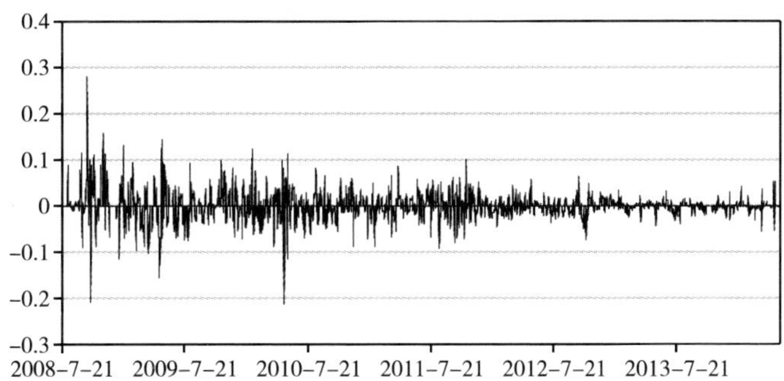

图2-4 德国主权信用风险变化情况

资料来源：彭博数据终端，由作者整理所得。

对于发展中国家，主权CDS合约同样可以起到良好的指示性作用，考虑到数据的完整性，以印度尼西亚和菲律宾为例。由图2-5可知，印度尼西亚主权CDS合约收益率同样受到金融危机的影响，并在2010年上半年、2011年5月到9月间、2012年6月到10月波动较大，并且最大振幅明显高于欧洲国家。由图2-6所示，菲律宾在2008年下半年出现明显波动，随后趋势有所收敛，但从2012年开始波幅逐渐增加，说明投资者对于菲律宾主权债务持谨慎态度。然而，从评级机构的历史数据来看，两个样本国家的信用评级近年来都

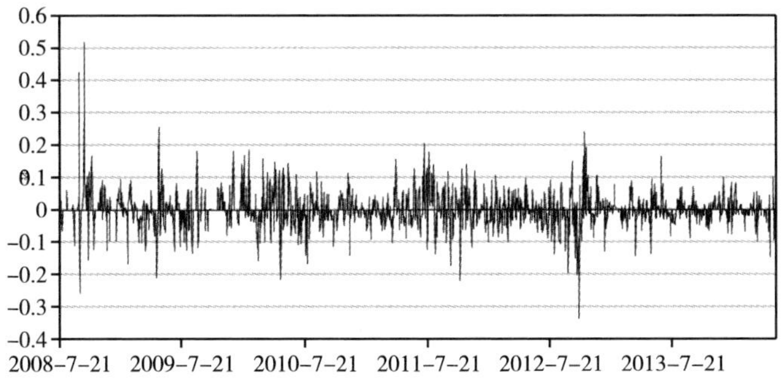

图2-5 印度尼西亚主权信用风险变化情况

资料来源：彭博数据终端，由作者整理所得。

在升高，并没有对主权 CDS 合约的变化做出反应，如表 2－5 所示。值得注意的是，主权信用下调后西班牙的评级水平目前依然高于印度尼西亚和菲律宾，从而解释了大多数发展中国家 CDS 指标波幅较大的原因。因此，对发展中国家信用的衡量，宜将 CDS 合约价格的对数波动率作为传统宏观信用评级的补充，从市场的角度理解和把握主权违约风险的变动情况。

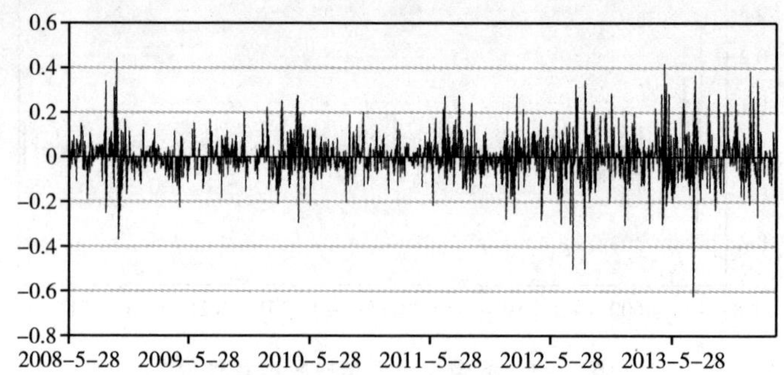

图 2－6　菲律宾主权信用风险变化情况

资料来源：彭博数据终端，由作者整理所得。

表 2－5　印度尼西亚与菲律宾主权信用评级变化情况

国家	评级时间	穆迪	评级时间	标准普尔	展望
印度尼西亚	2012/1/18	Baa3	2013/5/2	BB +	稳定
	2011/1/17	Ba1	2011/4/8	BB +	正面
	2010/12/1	Ba2	2010/3/12	BB	正面
	2009/9/16	Ba2	2009/10/23	BB -	正面
	2007/10/18	Ba3	2006/7/26	BB -	稳定
菲律宾	2013/10/3	Baa3	2013/5/2	BBB -	稳定
	2013/7/25	Ba1	2012/12/20	BB +	正面
	2012/10/29	Ba1	2012/7/4	BB +	稳定
	2011/6/15	Ba2	2011/12/16	BB	正面
	2009/7/23	Ba3	2010/11/12	BB	稳定
	2005/2/16	B1	2006/2/9	BB -	稳定

资料来源：穆迪与标准普尔公司网站，由作者整理所得。

2.2.4 政府或有债务理论

从特征上看，或有债务首先具有不确定性，在产生时间、债务规模、负债原因以及经济影响方面都难以预测。其次是容易出现道德风险，无论是监管缺失，还是更为普遍的委托代理问题，由于政府将最后“兜底”，经济部门追求自身利益最大化的原始动机难以消除。再次是具有公共产品特征，政府承担或有债务的目的是为了化解公共风险，换句话说，其初衷还是为了公众的利益，只是在过程中难以避免“公地的悲剧”。最后，或有负债具有从属特征。上级部门的或有负债恰恰来自下级部门无力承担的直接债务。政府或有债务（包含显性或有债务和隐性或有债务）的特征如表 2 - 6 所示。

表 2 - 6 或有债务的特征

特征	具体表现
1. 不确定性	时间、规模、事件、危害不确定
2. 道德风险	委托代理问题与监督缺位
3. 公共产品	公众受益、政府负担
4. 从属性	下级政府、子公司的直接债务是上级政府、母公司的或有债务

根据政府的公共主体身份，其拥有管理国家的权利和义务，为了维护经济、社会的稳定，必然需要承担相应的责任或付出相应的代价。这里可以将或有债务的形成机理归纳为两个方面：一是政府作为公共主体的内在要求，二是存在外部压力下的主动行为。

从内在要求来说，政府天然的具有提供制度基础、维护公众利益、化解公共风险的能力，这也是财政制度存在的基础。同时，财政制度也不是绝对完善的，正是由于各种各样的财政缺陷，才产生了大量的或有负债，进而扩大了政府的债务风险。

从主动行为来说，市场上存在了失灵的状况，当出现外部性很强的公共风险时，需要政府主动参与。然而需要指出的是，政府参与的程度可能并不固定。此外，有时候政府为了实现预算目标，往往将直接债务转化或递延，形成政府的或有债务。尤其是计划经济时代，政府拥有绝对的控制权，一切经济活动都是在政府主导下进行的，因此可以认为除了家庭部门之外，所有的债务都是政府的。

或有债务的转化条件、风险积累机制及其经济影响与显性债务也有本质区别。当市场风险已经危害到政治稳定和社会安全的时刻，或有债务即可能转化为确定性债务。如金融危机造成的银行业破产风险，进而影响成千上万储户和债权人的利益，此时利用法律手段往往难以取得令人满意的结果。一旦出现银行挤兑、金融市场瘫痪等事件，公众的情绪势必更加糟糕，所谓“信心比黄金更为珍贵”，政府出面进行干预也是一种最优解。在信息不透明的情景下，委托代理问题的严重性被放大，政府在处理危机问题时，需要进行相机抉择，在应对策略选择上权衡“当期”还是“展期”？“当期”则要求政府立即进行债务显性化，通过发债进行融资，而“展期”则意味着政府通过或有债务与隐性债务的手段，将财政成本进行隐藏，在未来某一时刻令其显性化。显然，后者将造成债务风险的进一步积累。或有债务与隐性债务将造成恶劣的财政影响，掩盖真实的财政状况，扭曲决策部门的政策目标，在制定经济政策时错误估计现实情况。在政策执行过程中，还将削弱财政的机动能力。

2.3 从欧债治理措施看政府或有债务风险化解

主权债务危机爆发的直接导火索是政府无法筹措资金，政府债券的利率上扬，国家信用风险激增。从治理方法上看，解决资金问题是治理主权债务危机的首要举措。

欧洲债务危机有来自美国次贷危机的外部影响，也有欧洲一体化进程中区域内矛盾，还有各国内部的社会经济问题。考虑到当时的情况，债务危机不仅对个别国家和区域造成了不良影响，在全球化的过程中，任何国家和经济体出现异动都将影响全世界。因此，援助资金来自国内外各个机构，其中欧元区的三种救助机制如表 2 - 7 所示。

表 2－7　　欧元区国家三种救助机制的比较

项目	欧洲金融稳定机制	欧洲金融稳定基金	欧洲稳定机制
法律地位	欧盟机制	欧元区国有公司	政府间组织
到期时间	2013 年 6 月到期	2013 年 6 月到期	永久存续
资本构成	欧盟成员国预算担保	欧元区国家担保	800 亿欧元实缴资本，6220 亿欧元通知即付资本
贷款能力	600 亿欧元	4400 亿欧元	5000 亿欧元
援助工具	贷款、信用额度	宏观经济调整贷款，银行资本充足，预防性计划，初级、次级市场购买	稳定性支持贷款，银行资本充足，预防性信用额度，初级、次级市场购买

尽管主权债务危机目前暂告一段落，但相关国家则进一步分化，爱尔兰已经走出阴霾，西班牙、葡萄牙、意大利也略有好转，而希腊仍徘徊不前。以爱尔兰获得的援助金额为例，2010 年 10 月，爱尔兰政府接受了 850 亿欧元的救助金用于治理危机。其中，350 亿欧元用于支持濒临绝境的银行业，500 亿欧元用于各项福利支出，如表 2－8 所示。然而救助资金的成本并不低廉，一方面爱尔兰政府仍要付出 3%～6% 的利息，另一方面需要接受苛刻的改革条件。

表 2－8　　债务危机援助的资金来源（以爱尔兰获得援助金额为例）

渠道	资金来源	金额（亿欧元）
国际	国际货币基金组织（IMF）	225
欧元区国家	欧洲金融稳定机制（EFSM）	225
	欧洲金融稳定基金（EFSF）	177
	欧洲稳定机制（ESM）	
欧盟	欧盟非欧元区国家提供的双边贷款（英国、丹麦、瑞典等）	48
国内	国内养老金储备基金	125
	国内现金储备	50
合计		850

在解决了临时性资金问题后，如何根治或有债务成为危机各国面临的另一个难题。作为欧元区国家，货币政策没有独立性，需通过增加税收和减少开支的方法调控经济。仍以爱尔兰为例，在税收收入方面，改革个人所得税，扩大税基，如取消社会保障的征税限制，降低了个税的免征额，提高银行存款利息

税和汽油消费税；针对爱尔兰的房地产泡沫，取消首次购房者的免印花税优惠，降低住宅租金地面标准；降低老年免税标准。在支出方面，爱尔兰政府的紧缩方案被称为“史上最苛刻”，削减了养老金等社会福利开支、公务员人数、官员薪资，并降低了最低工资标准。需要指出的是，经济学中存在“荆轮效应”导致名义工资难以削减，爱尔兰政府以公务员为先锋，在全社会广泛推行，是值得他国借鉴学习的。低工资给爱尔兰的工业复苏带来了更高的竞争力，使其率先走出了经济危机。

政府收支的改革有效缩小了当前财政缺口，使其腾出财力在人口、福利、金融业均进行了卓有成效的改革。一是放松移民和签证政策，有助于吸引投资，改善人口结构；二是进行医疗、退休制度改革，增加住院费、医保卡处方费，延长退休年龄，爱尔兰的退休年龄已高达 68 岁；三是成立坏账银行，将金融机构中的不良资产加以重组后出售，帮助银行恢复正常运转，同时对金融机构在公司治理和风险监控方面提出了更高要求。在制度上建立透明的政府债务管理体系，定期公布国库状况，维持现金和金融资产在一个稳定水平，使投资者可以清楚地了解国家偿债能力。

从化解债务风险的措施来看，风险是客观存在的，其化解方式有两种：一种是通过在部门间转移的方式分散和缓解，另一种是依靠完善的制度和社会的发展。前者包含四种类型：一是政府与政府之间，从地方政府转移到中央政府；二是从政府到私人，通过市场化风险分担，如征收通货膨胀税，抑或是国有企业（广义政府）通过股市融资等；三是从私人到政府，通过政府部门加杠杆来实现私人部门的去杠杆，主权担保、量化宽松、金融救助等可归于此类；四是从私人到私人，企业部门债务风险向居民部门转移，最为典型的是发展股票市场融资。上述每种类型都面临着不同的挑战，需要根据经济发展阶段进行理性选择。风险转移更为重要的意义是利用确定性对冲风险的不确定性，在风险爆发后争取时间。但是“丢车保帅”仅可作为以时间换空间的过渡手段，要真正化解潜在风险，需要依靠第二种方式，构建规范化政府债务管理制度，如健全社会保障制度体系、科学调整老龄化成本与人口年龄结构、控制金融机构的经营风险、对国有企业进行深化改革与资产盘活、匹配地方政府的财权与事权、设立风险预警指标等。

第 3 章 政府或有债务风险传导机制

本章从或有负债的角度分析了人口结构变化、社会福利支出，金融救助行为对于政府债务规模和估值风险的传导机制。第一节运用世代交叠分析框架构建了政府—居民两部门经济模型，刻画了老年抚养比、养老金替代率、寿命对于财政缺口的影响。第二节从企业、银行、政府的目标函数出发，构建三部门经济模型，厘清了金融救助行为带来的债务风险，以及在救助后，金融、主权信用风险相互影响的传导路径。在理论分析的基础上，本章提出了四个命题：一是人口老龄化和保障性支出将扩大财政缺口，进而导致债务规模增加；二是福利支出与老龄化会加大政府债务违约概率，进而导致主权 CDS 价差上升；三是新增政府债务规模越多，主权信用风险越大；四是金融救助后，银行风险随着政府债务贬值而上升，政府与银行风险相互影响。

3.1 政府与居民两部门模型

3.1.1 模型假定

本节从财政缺口和违约概率两个方面研究债务风险。借鉴已有研究，Andersen（2012）首次使用缺口模型将老龄化对劳动力市场和居民储蓄的影响融入了财政收支的分析框架，利用世代交叠模型，较好的刻画出长期人口结构变迁导致经济结构变化的微观基础。Lisenkova 等（2013）在此基础上从生产部门、家庭部门和公共部门三个方面展开分析，构建了结构性的一般均衡模型，试图模拟人口老龄化如何影响市场均衡。作者与之不同的是侧重于债务风险的研究，在缺口模型的基础上引入违约概率，与上述文献类似，作者给出了如下假设条件：

假设1：代表性国家是一个国际产品和金融市场完全整合的开放经济体，资产收益率外生且固定不变。

假设2：构建代际关系时不考虑每个人生阶段的死亡率、移民和性别因素。

假设3：所有工人（中年和退休前的老年）的生产效率相同，生产率等于实际工资率①，且充分就业。

假设4：养老金、教育、医疗等公共支出与所有个体的工作收入存在固定的比例关系，税收制度与退休政策由政府制定。

假设5：政府将其财政收入的一部分作为担保，进行债务融资。

3.1.2 构建世代交叠分析框架

设定每个行为人都经历三个人生阶段，即幼儿阶段、中青年阶段和老年阶段，按照每个阶段享受的福利待遇和社会贡献不同，幼儿阶段不工作且享受教育；中青年阶段参加工作且身体较为健康，对医疗保障的需求较少（为了简化模型忽略不计），主要享受教育福利；老年阶段享受医疗保障，并在退休后领取养老金（如表3-1所示）。假设所有工人（中青年和退休前的老年）的生产效率相同，等于实际工资率，记为 $y_t(\leq 1)$。定义在 t 阶段，中青年的一代人为第 t 代人，在中青年阶段规定固定的年龄区间（如16~45岁），其老年阶段的寿命为 L，其中退休前的年龄区间设为 R（取决于退休制度安排），即 $R \subset L$，L 和 R 都是总寿命（定义为1）的一部分，即 L，$R \in (0, 1)$。代表性的第 t 代人的效用为：

$V_t(c_{0,t-1}, c_{1,t}, c_{2,t+1}, R_{t+1}, L_{t+1}, e_{t-1}, e_t, h_{t+1}) =$

---

① Andersen认为，即使老年生产率为中青年的一个固定比例，分析结果也没有实质性改变。参见T. M. Andersen, "Fiscal Sustainability and Demographics - Should We Save or Work More?" Journal of Macroeconomics, Vol. 34, No. 2 (2012), pp. 264-280.

$$u(c_{0,t-1},e_{t-1})+u(c_{1,t},e_t)+\frac{1}{1+\theta}\left[L_{t+1}u(c_{2,t+1},h_{t+1})-R_{t+1}v\left(\frac{R_{t+1}}{L_{t+1}}\right)\right]$$

其中，$c_{0,t-1}$、$c_{1,t}$、$c_{2,t+1}$分别是幼儿、中青年和老年在 $t-1$、t、$t+1$ 阶段的消费支出，e_{t-1}是为幼儿提供的公共服务（如教育，且假设其占中青年教育的一定比例），e_t 是提供给中青年的公共服务（如教育），h_{t+1}是提供给老年的公共服务（如医疗保障），R_{t+1}、L_{t+1}分别表示第 t 代人在老年阶段退休前年龄区间和老年阶段的寿命。θ 是主观时间偏好，v（·）代表工作的负效用函数，服从标准假设：$u'>0$，$u''\leqslant 0$，$v'_R>0$，$v'_L<0$，$\lim\limits_{R\to L}v'=\infty$。注意到工作的负效用根据寿命而定，Andersen 认为这与所谓的“健康老化”的内涵相一致，意味着延迟退休的负效用函数由退休年龄和寿命共同决定。

表 3－1　　人口结构划分说明

类别	幼儿	中青年	老年	
			退休前	退休后
社会贡献	不工作	工作	工作	不工作
社会福利	享受教育	享受教育	享受医疗保障	享受医疗保障、享受养老金

作者将传统世代交叠模型拓展至三期，假设同一时间社会中存在幼儿、中青年、老年三代人群，代际关系满足：$N_{t+i-1}(1+n_{t+i})=N_{t+i}$，其中 n_{t+i}为人口增长率，N_{t+i}为每个阶段个体的出生率。

3.1.3　代表性行为人的社会净贡献

公共部门的三个主要功能是：为幼儿、中青年阶段提供服务 e_t；为整个老年阶段提供服务 h_t；为退休后的老年阶段提供养老金 p_t，且养老金在到达退休年龄之后终身支付。公共部门的融资行为是对于工作收入征税（税率为 τ_t），在 $t+i$ 阶段的一揽子政策由$\{e_{t+i},h_{t+i},p_{t+i},R_{t+i},\tau_{t+i}\}_{i=0}^{\infty}$给定，公共部门在 t 阶段的基础财政收支（余额）可以表示为（4.1）式：

$$B_{t+i}=N_{t+i+1}T_{0,t+i}+N_{t+i}T_{1,t+i}+N_{t+i-1}T_{2,t+i} \tag{3-1}$$

其中：

$$T_{0,t+i}=-\beta e_{t+i} \tag{3-2}$$

$$T_{1,t+i}=\tau_{t+i}y_{t+i}-e_{t+i} \tag{3-3}$$

$$T_{2,t+i}=R_{t+i}\tau_{t+i}y_{t+i}-(L_{t+i}-R_{t+i})p_{t+i}-L_{t+i}h_{t+i} \tag{3-4}$$

（3-1）式表示资金的动态代际转移，$T_{0,t+i}(<0)$代表 $t+i$ 阶段幼儿对公共部门的净贡献，$T_{1,t+i}(>0)$代表每个中青年在 $t+i$ 阶段对公共部门的净贡献，$T_{2,t+i}(<0)$代表老年在 $t+i$ 阶段对公共部门的净贡献。

同时，由于只有退休后的老人才是无工作能力的人群，根据老年抚养比的定义，作者将抚养比定义为（3-5）式：

$$D_{t+i}\equiv\frac{(L_{t+i}-R_{t+i})N_{t+i-1}}{N_{t+i}}=\frac{L_{t+i}-R_{t+i}}{1+n_{t+i}} \tag{3-5}$$

由假设4，将一揽子政策按以下政策规则分解，老年阶段退休前的年龄区间 R 和税率 τ 不变。

$$p_{t+i}=py_{t+i} \tag{3-6}$$

$$e_{t+i}=ey_{t+i} \tag{3-7}$$

$$h_{t+i}=hy_{t+i} \tag{3-8}$$

但事实上，鲍莫尔成本病（Baumol Effect）① 理论指出，公共支出占总收入的比例却是不断变化的，换句话说，维持社会保障的成本占国民收入的比例是不断增加的。“瓦格纳法则”（Wagner Effect）同样显示，当国民收入增长时，财政支出会以更大的比例增长。

由假设3，有 $Y_{t+i}\equiv N_{t+i}y_{t+i}$，定义 $b_{t+i}\equiv\frac{B_{t+i}}{Y_{t+i}}$，存在：

$$b_{t+i}=\frac{B_{t+i}}{N_{t+i}y_{t+i}} \tag{3-9}$$

将（3-1）式至（3-8）式带入（3-9）式得：

$$b_{t+i}=(1+\frac{R}{1+n_{t+i}})\tau-[(1+n_{t+i})\beta+1]e-D_{t+i}p-\frac{Lh}{1+n_{t+i}} \tag{3-10}$$

从（3-10）式中可以看出，老年抚养比、公共福利支出、寿命对于当期的财政盈余存在负相关。

① 这是“鲍莫尔成本病”的一种基本形式，私人部门生产效率的提高，没有使公共部门得到同样的发展。

3.1.4 基于财政缺口的负债模型

在预算收入和预算支出路径、财政政策（贴现率，初始债务水平）和预期未来发展都既定的前提下，存在动态关系如（3－11）式：

$$Debt_t = (1 + r) Debt_{t-1} - B_t \tag{3－11}$$

跨期预算约束要求预算收入的现值大于等于预算支出和初始债务的现值，也就是说，基础财政收支的现值至少应该等于初始债务水平 $Debt_t$（Frank and Ley，2009；Andersen，2012；Narayana，2014），即（4.12）式：

$$\sum_{i=0}^{\infty} \left(\frac{1}{1 + r}\right)^i B_{t+i} \geqslant Debt_t \tag{3－12}$$

将（3－12）式两边同时除以总产出 Y_{t+i}，得：

$$\sum_{i=0}^{\infty} \left(\frac{1}{1 + r_g}\right)^i b_{t+i} \geqslant d_t \tag{3－13}$$

其中，$r_g \equiv \frac{1+r}{1+g} - 1 > 0$ 是增长率（g）修正后的贴现率。b_{t+i}和 d_t 分别是基础财政收支和初始债务水平占产出的比例。形式上，s_t 作为国际上常用的缺口指标,[①] 通常定义为（3－14）式的解：

$$\sum_{i=0}^{\infty} \left(\frac{1}{1 + r_g}\right)^i b_{t+i} + s_t \sum_{i=0}^{\infty} \left(\frac{1}{1 + r_g}\right)^i = d_t \tag{3－14}$$

考虑到本次主权债务危机的重灾区国家全部来自欧元区，且货币政策由欧洲央行统一制定，金融市场相对开放，更符合前文假设。在税收和通货膨胀受到约束时，以国家信誉为担保的过度负债是导致财政缺口的直接原因（Teles 等，2014），而根本原因则来自人口老龄化对债务融资的影响（Anderson，2012）。因此，财政缺口和以规模衡量的债务风险的内涵是一致的，缺口越大，债务风险越高，由缺口定义得（3－15）式：

$$s_t = -\frac{r_g}{1 + r_g} \sum_{i=0}^{\infty} \left(\frac{1}{1 + r_g}\right)^i \left\{\left(1 + \frac{R}{1 + n_{t+i}}\right)\tau - [(1 + n_{t+i})\beta + 1]e - D_{t+i}p - \frac{Lh}{1 + n_{t+i}}\right\}$$

---

① 对于缺口指标的进一步讨论，参见 European Commission（2006a）. The Long－Term Sustainability of Public Finances in the European Union. A report by the Community Services. 原文使用的符号是 S2.

$$+\frac{r_g}{1+r_g}d_t \tag{3-15}$$

其中，$\frac{\partial s_t}{\partial D_{t+i}}>0$，$\frac{\partial s_t}{\partial p}>0$，$\frac{\partial s_t}{\partial h}>0$，$\frac{\partial s_t}{\partial e}>0$，$\frac{\partial s_t}{\partial L}>0$。

通过（3-15）式，我们将人口结构和福利制度因素引入传统的负债规模分析中，并得到可供检验的命题。

命题1：人口老化和保障性支出将扩大财政缺口，进而导致债务规模增加。

3.1.5 基于预期违约概率的债务风险模型

事实上，仅从债务规模角度已经难以全面衡量政府债务风险。部分国家债务规模虽然严重高于国际标准，但是并没有出现债务危机（如日本）；而由于主权国家“债务互持”和个别政府的道德风险，即使负债率低于国际标准也难以独善其身。由此本节尝试将KMV模型①运用于政府债务，考虑到主权信用风险与公司相比，缺少大量违约样本的历史数据库，目前无法通过比较违约距离和破产频率的历史，拟合出代表公司违约距离的预期违约率函数，因此本节只涉及预期违约概率和发债规模，不涉及违约损失和债券定价。由假设5，政府将其财政收入的一部分（λI_t）作为担保进行债务融资。每年的债务需求为负债率的增量，本节使用当期财政赤字（E_t-I_t）作为代理，债务需求大于担保融资规模将导致预期违约概率上升。

因此，将公共部门的预算收入（I_{t+i}）表示为（3-16）式：

$$I_{t+i}=N_{t+i}\tau_{t+i}y_{t+i}+N_{t+i-1}R_{t+i}\tau_{t+i}y_{t+i}+rA_{t+i} \tag{3-16}$$

其中，A_{t+i}为公共部门资产存量，r为资本收益率。

公共部门的预算支出②（E_{t+i}）可以表示为（3-17）式：

$$E_{t+i}=N_{t+i+1}e_{t+i}+N_{t+i-1}[(L_{t+i}-R_{t+i})p_{t+i}+L_{t+i}h_{t+i}]+\Delta A_{t+i} \tag{3-17}$$

---

① KMV模型是一种衡量公司债务风险的方法，把公司债务看作是对公司资产价值的一种或有要求权（期权），大多数研究结果表明，KMV模型能够反映信用风险的高低，并对信用风险具有很高的敏感性?

② 一般来说，财政支出还包括失业保障支出、债务利息支付、银行等金融机构危机财政支出、军费等其他支出，本节主要讨论的是人口老龄化，对模型进行了简化。

这里 ΔA_{t+i} 表示政府当期的资本性支出[①]，这里取消了中青年的教育支出设定，有助于简化模型，对分析结果并不影响。

$$PD = P[\lambda I_{t+T} \leqslant (E_t - I_t)] = N\left[-\frac{\ln\frac{\lambda I_t}{E_t - I_t} + \left(\mu - \frac{\sigma^2}{2}\right)T}{\sigma\sqrt{T}}\right] \quad (3-18)$$

（3－18）式中 PD 表示预期违约概率，$N(\cdot)$ 为标准正态分布累计概率函数，（$E_t - I_t$）为违约点，μ 为无风险利率，σ 为 I_t 的波动率。理论上，预期违约概率越高，违约风险越大。进而得到违约距离（DD），根据标准正态分布的性质可知，违约距离越小，违约概率越高，见（3－19）式：

$$DD = \frac{\ln\frac{\lambda I_t}{E_t - I_t} + \left(\mu - \frac{\sigma^2}{2}\right)T}{\sigma\sqrt{T}} \quad (3-19)$$

进一步对违约距离进行分解可得：

$$\frac{I_t}{E_t - I_t} = \frac{1}{\dfrac{(1+n_t)\quad e + D_t p + \dfrac{L_t h}{1+n_t} + \Delta a_t}{\left(1 + \dfrac{R_t}{1+n_t}\right)\tau + r_g a_t} - 1} \quad (3-20)$$

（3－20）式分别对福利支出和老龄化指标求导，得 $\frac{\partial DD_t}{\partial D_t} < 0$，$\frac{\partial DD_t}{\partial L_t} < 0$，推出了可供检验的第二个命题。

命题 2：福利支出与老龄化会加大主权债务违约概率，进而导致主权信用风险上升。

3.2　政府、企业与银行三部门模型

3.2.1　模型设定与基本假设

根据金融发展理论，金融部门和生产部门创造总产出，并与政府代表的公

---

① 有学者认为，政府负担的老龄化成本将会挤占资本性投资，但尚未有明确的经验证明，因此并不是本书的研究重点。

共部门共同构成三部门模型。其中，金融部门（简化为银行）和生产部门（即企业）可以合称为私人部门，银行投资中间产品（信息汇总与资本分配）以提高生产部门的投资回报。当金融危机出现时，银行自身不能进行债务重组，但政府部门可以通过经济剩余转移的方式减少金融部门的净负债，对其进行救助，这种转移最终来自生产部门的税收，因此可能导致生产部门投资不足问题。理论部分主要参考了 Acharya et al.（2014）的研究框架，在其基础上作者提出如下假定：

假设6：经济中的所有部门风险中性，包括金融部门、生产部门和政府部门。

假设7：政府发行的所有债务都是同质的，且在第三阶段到期。

假设8：救助银行之前政府债务是可持续的。

假设9：政府的财政收入和财富创造能力受到约束。

3.2.2 “政、企、银”的收益目标

私人部门拥有初始禀赋，一部分分配给非金融部门作为初始资本（K_1），另一部分分配给金融部门用于支付提供金融服务（J_2）所需的成本投入（C_1），下标为科目发生时所处的时间阶段。

由于政府发行的所有债务都是同质的，且在第三阶段到期，三期模型的时间轴如表3-2所示。

表3-2　　政府救助时间轴

部门	第一阶段	第二阶段	第三阶段
企业	投资	获取金融服务，新增投资	获取生产收入，缴纳税款
银行	持有政府债券和其他资产	提供金融服务，其他资产出现贬值	持有政府债券的价格变化
政府	现有流通债务中的一部分为银行持有	增发债务	利用税收收入偿还债务

在第一阶段，设定企业投资 K_1。银行持有两种资产，政府债券（$A_{G,1}$）和其他资产（$A_{Q,1}$）（如企业债、房地产等），与之对应的银行负债 L_1，存在 L_1

$\leqslant A_{G,1}+A_{Q,1}$，投入 $C_1(J_2)$ 以提供金融服务。政府在外流通的债务价值为 P_1N_1，其中 N_1 是债务存量，P_1 是政府债券第一阶段的价格。银行持有的政府债券为政府债务存量的一部分，即 $A_{G,1}=k_AP_1N_1$，$k_A\in[0,1]$。

在第二阶段，企业的产出为 $f(K_1, J_2)$，支付金融服务成本为 w_2J_2，w_2 为金融服务的价格，企业对利润进行消费和投资，根据政府税率 θ 和企业效用最大化，最优新增投资为（K_2-K_1）。银行提供金融服务 J_2，该时刻银行持有的政府债券价值仍为 $A_{G,1}$，即债券价格不变。此时，若银行持有的其他资产价值贬值为 $A_{Q,2}$，即 $A_{Q,2}<A_{Q,1}$；同时，负债保持不变，即 $A_{G,1}+A_{Q,2}<L_1$，则银行面临破产清算。政府为救助银行需要新增发的债务至少需等于 $N_{T,2}=(L_1-A_{G,1}-A_{Q,2})/P_1$，债券总量变为 $(N_{D,1}+N_{T,2})$。

在第三阶段，企业投资收入为 $V_3(K_2)$，银行的负债为 L_1，存在 $L_1\leqslant A_{G,1}+A_{Q,2}+P_1N_{T,2}$，然而由于政府发债稀释了所有者权益，债券价格 P_1 降低为 P_3，银行持有的政府资产 $A_{G,1}$ 贬值 $A_{G,3}$，银行的资产变为 $(A_{G,3}+A_{Q,2}+P_3N_{T,2})$。

对企业来说，有（3－21）式预期利润函数：

$$\max_{J_2^d,K_2}\beta E\{f(K_1,J_2^d)-w_2J_2^d+\beta[(1-\theta)V_3(K_2)-(K_2-K_1)]\} \tag{3-21}$$

其中，β 为贴现因子。

对银行来说，存在（3－22）式预期利润函数：

$$\max_{J_2^s}E[\beta w_2J_2^s-L_1+A_{Q,1}+A_{G,1}+\beta P_1N_{T,2}-C_1(J_2^s)] \tag{3-22}$$

在达到均衡时，金融服务的需求 $\hat{J}_2^d$ 和供给 $\hat{J}_2^s$ 相等，因此有 $\hat{J}_2^d=\hat{J}_2^s=\hat{J}_2$。

对政府来说，整体经济收益最大化是其首要目标，因此面临制定相关财税政策问题 $\{\theta,N_{T,2}\}$，由于税率高低将影响企业投资的热情，使税收收入具有拉弗曲线性质，因此企业会根据政府制定的税率来选择新增资本投入。

3.2.3 政府部门与银行部门风险恶性循环

根据假定 8，救助银行之前政府债务是可持续性的，这时政府用于偿还债务的税收收入 $\theta V_3(K_2)$ 存在两种情况：

第一种情况：如果救助银行的新增债务需求较小，政府税收收入大于或等于债务总额，即 $\theta V_3(K_2) \geqslant P_3(N_{D,1}+N_{T,2})$。政府的债务缺口不会扩大，救助银行将不影响主权信用风险。

第二种情况：如果救助银行的新增债务需求较大，导致未来税收收入小于债务总额，即 $\theta V_3(K_2) < P_3(N_{D,1}+N_{T,2})$。由于税收收入服从拉弗曲线，高税率将遏制投资，无法带来更高的税收收入。因此，政府将存在债务缺口，面临一定程度的债务违约，需要对债务进行重组或稀释，甚至被迫陷入借新债还旧债的庞奇博弈之中。

在此基础上引入上节中的跨期预算缺口指标，可将税收收入与到期偿债总额的差额看作前文中的基础财政收支差额，其现值至少应该等于初始债务水平 d_t。

$$\sum_{t=0}^{\infty}\beta^t[\theta_t V_{3,t}(K_{2,t}) - P_{3,t}(N_{D,1,t}+N_{T,2,t})] + s_t\sum_{t=0}^{\infty}\beta^t = d_t \tag{3-23}$$

（3－23）式两边关于救助银行所需的新增债务 $N_{T,1,t}$ 求导并整理可得：

$$\frac{\partial s_t}{\partial N_{T,2,t}} = (1-\beta_t)\sum_{t=0}^{\infty}\beta^t P_{3,t} > 0 \tag{3-24}$$

因此，（3－24）式显示来自救助银行的新增债务越多，财政缺口越大。根据前文所述，财政缺口与债务风险正相关，得到可供检验的命题3。

命题3：新增政府债务规模越多，主权信用风险越大。

对银行来说，主权信用风险上升，政府债券价格下降。获得政府救助后，银行的负债率变为 $D_{bank}=L_1/(A_{G,3}+A_{Q,2}+P_3N_{T,2})$，对债券价格求导可得：

$$\frac{\partial D_{bank}}{\partial P_3} = -\frac{L_1^2(k_A N_{D,1}+N_{T,2})}{(P_3(k_A N_{D,1}+N_{T,2})+A_{Q,2})^2} < 0 \tag{3-25}$$

（3－25）式显示政府债券价格和银行负债率反向相关，一旦银行持有的政府债券贬值，即 $A_{G,3}+P_3N_{T,2} < A_{G,1}+P_1N_{T,2}$，资产价值降低导致了银行负债率恶化，违约风险再次上升，由此得到命题4。

命题4：获得政府救助后，银行风险随着政府债券贬值而上升，主权信用风险与银行风险相互影响。

第4章 福利支出、老龄化与政府债务风险实证研究

欧洲是福利国家的发源地，也是人口老龄化趋势最为严峻的地区。随着第二次世界大战后的“婴儿潮”逐步老龄化，代际负担已然难以持续。根据第二章的理论分析，本章从或有债务与隐性债务视角出发，介绍了欧洲债务危机的现实背景，尤其是危机国家的福利制度，人口年龄结构问题，结合理论分析构建计量模型检验理论命题：人口老化和保障性支出将扩大财政缺口，进而导致债务规模增加；由福利支出与老龄化导致的财政缺口会加大政府债务违约概率，进而导致主权信用风险上升。

4.1 或有负债视角下债务危机的现实背景

4.1.1 福利制度错配与人口结构变迁

欧洲是福利国家的发源地，也是人口老龄化趋势最为严峻的地区。从财政上来看，政府需要大量资金用于养老金开支，而适龄劳动人口带来的税收收入却难以增长。发达国家社会保障的刚性支出大幅增加，导致欧洲国家养老金财政赤字不断扩大，养老金支出占政府财政支出比重持续上升，财政缺口随之扩大，政府只得依靠举债度日。随着债务支出从资本性支出逐步转化为无法形成税收的非资本性支出，政府面对日益扩大的财政缺口又被迫发行政府债务弥补，使得一些发达国家陷入了庞奇博弈的恶性循环，债务危机不断升级。考虑

到发达国家人口年龄结构老化、预期寿命延长，老龄化成本在财政支出中将占据越来越大的比重，讨论政府债务问题与经济的长期增长难以避开这个关键因素。

欧洲经济从2008年第一季度开始出现明显下滑，欧洲央行于2008年11月宣布欧元区正式陷入成立以来的首次经济衰退。2009—2010年，意大利、西班牙、葡萄牙、希腊、爱尔兰五国主权债务问题愈演愈烈，财政资金紧张也逐渐成为欧洲国家的普遍困难。根据欧洲统计局数据显示，2010年、2011年欧盟27国财政赤字占国内生产总值比例分别达到6.9%和6.6%，远超过欧盟"马约"规定的3%上限。2012年，欧盟27国和欧元区17国政府债务总额占国内生产总值的比例分别由2011年的82%和89%上升为84%和90%。以希腊和意大利两国为例，希腊政府受债务危机约束，债务总额占国内生产总值的比例由2011年的175%下降至153%，意大利则由120%升至130%，两国总负债率远超欧盟27国和欧元区17国（如图4－1所示）。

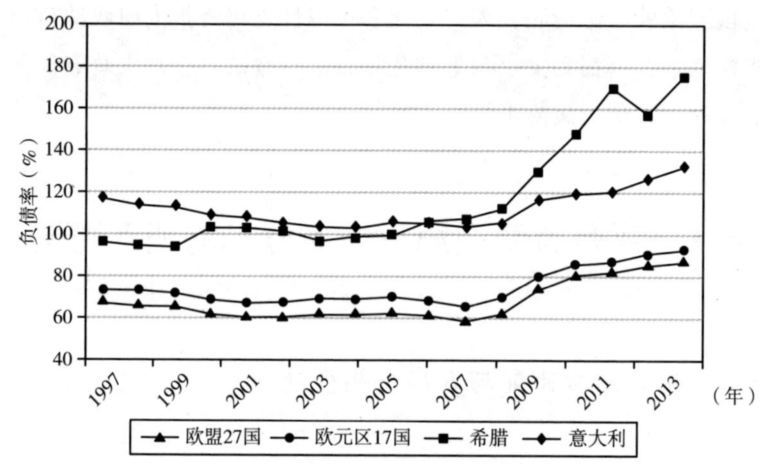

图4－1　欧洲国家政府债务规模的发展趋势

资料来源：欧盟统计局。

希腊在债务危机前实行的社会福利制度是其首先爆发债务危机的重要诱因。其养老制度包括收益关联性公共养老金体系以及最低养老保险金制度，前者相对于其经济基础来说过于慷慨，养老金净替代率平均水平高达110.3%（如表4－1所示），这意味着退休后收入高于退休前的净工资收入，从个人效用的角度讲，提前退休无疑是理性人的必然选择。除了高于 OECD 国家的相对收入和养老金替代率外，其他制度缺陷也问题重重，如提前退休惩处轻微，在 60～65 岁退休（希腊的养老金领取起始年龄为 65 岁），只会受到每年 5% 的养老金扣减惩罚；又如，养老金分配不公，高收入阶层的退休金净替代率与低收入阶层的净替代率相差甚微。由于 65 岁以上人口比重逐年攀升，现收现付制度的养老金收支体系无法自给自足，希腊政府不得不常年保持较高的财政赤字。随着金融危机的爆发，旅游、航运等单一产业的整体经济受到重创，投资者对希腊政府的偿债能力失去信心。债务融资渠道受阻的希腊政府被迫接受 IMF 和欧元区国家苛刻的援助条件。

表 4－1　　希腊养老金制度相关指标（%）

类　别	平均数	收入分布（收入中位数的倍数）				
		0.5	0.75	1	1.5	2
养老金相对退休前总收入平均水平	65.1	47.9	71.8	95.7	143.6	191.4
养老金相对退休前净收入平均水平	81.4	63.7	87.9	111.2	155.3	195.5
养老金总替代率	95.7	95.7	95.7	95.7	95.7	95.7
养老金净替代率	110.3	113.6	110.5	111.2	106.8	104.2

资料来源：欧盟统计局。

意大利 10 年期国债收益率于 2011 年 11 月突破 7% 的生死线，高昂的融资成本使得市场融资难以为继，将该国推向了债务危机的边缘。意大利政府的长期财政赤字状态可以归因于与其经济现实不相适应的福利政策。同样以公共养老保险为例，目前意大利人口年龄的中位数已经达到 44 岁，65 岁人口占比也高达 20.8%。人口结构的加速老龄化使得正在工作的一代人被迫承担较高的养老保险和社会福利税率。

一般而言，社会保障是指国家和社会依据一定的法律规定，通过国民收入的再分配，对社会成员的基本生活权利赋予物质保障的一系列社会安全制度。绝大多数欧盟国家普遍采用福利国家型社会保障模式，社会福利支出长期由国家财政负担。从社会保障资金的财务运作来看，欧洲国家大多采用现收现付制度，即当期的缴费收入用于支付当期的公共开支，该模式不考虑资金储备，只从当年或近两年的公共收支平衡角度出发，确定一个适当的费率标准向企业和个人征收社保费用。绝大多数税收收入来自劳动力市场收入（在人们赚钱和消费的时候产生），一般来说，个人会在少年和老年获益，而在工作年龄贡献（如图4-2所示）。因此，这种模式下的社会保障资金理论上可以依靠国家税收。

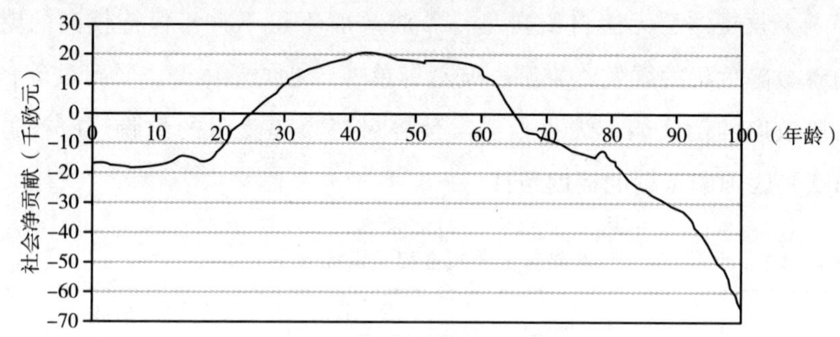

图4-2 不同年龄人口的社会净贡献（丹麦）

资料来源：T. M. Andersen, "Fiscal Sustainability and Demographics - Should We Save or Work More?" Journal of Macroeconomics, Vol. 34, No. 2 (2012), pp. 267.

然而，随着人口老龄化问题日益严峻，欧洲国家65岁以上人口占总人口数17%以上，且逐年增高。高工资、高失业救济金、高公费医疗、高养老金等公共社会保障体系给财政带来了巨大压力，如图4-3所示，欧盟27国社会

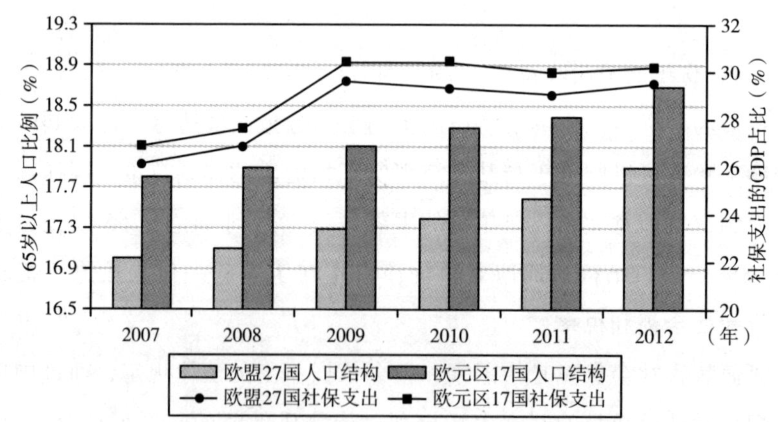

图4-3 欧洲人口结构与福利制度情况

资料来源：欧盟统计局。

保障公共支出自 2007 年显著提高，近年来长期维持在占 GDP30% 的高位。这种与经济发展水平错配的福利制度迫使政府债台高筑，同时美国次贷危机的冲击也加剧了债务问题的发酵，最终导致债务危机的全面爆发。

4.1.2　难以逾越的高龄化

国内学者郑秉文（2011）通过对希腊危机苛刻的救援条件进行分析，发现现收现付养老金制度具有较强的债务隐蔽性和较高的财务脆弱性，传统的财政指标体系已不能经常准确地抓住公共财政的真实性，人口结构的变化作为社会发展的基本要素，应纳入债务分析框架之中。但是这里存在一系列的学术问题，以老龄化为趋势的人口结构变化对政府财政收入和支出两方面产生何种影响，是否导致结构性变化？老龄化成本增加是否加大主权信用风险进而推高政府债务融资成本？

通常一定时期内，人口数量是相对固定的，但投入到经济中的劳动力数量却不是固定的。大多数研究通常使用适龄劳动人口占总人口的比重作为潜在劳动力供给的衡量指标，老龄化无疑降低了潜在的劳动供给量，进而影响了养老金系统和医疗保障体系。具体而言，一是人口老龄化可能带来劳动力供给不足，进而损害税基与经济增长；二是老年抚养比的升高将导致养老金系统入不敷出，现收现付式的养老保险制度要求在职劳动者缴纳更多的养老金；三是老年人医疗保障需求可能给国家财政造成巨大压力。然而，老龄化对经济的影响却没有形成一致的结论，一般认为老龄化会导致抚养比的上升、劳动力短缺、劳动力结构老化、社会保障负担，这些问题对经济增长将造成负面影响（Faruqee 和 Muhleisen，2002；Lindh 和 Malmberg，1999）。但是也有学者认为，在经济发展达到很高水平时才出现老龄化特征，人口老化会带来财富积累的增加，从而有利于资本的迅速积累，通过资本深化（即每个劳动者对应资本数量的增加）可以提高劳动生产率，并创造“第二次人口红利”进而有助于经济增长（Futaganmi 和 Nakajima，2002）。当然，由于我国目前依然处于发展中国家阶段，“未富先老”往往带来的是老年贫困，而不是资本积累。关于人力资源与经济增长的关系理论，现有文献已经作出了丰富的研究（Bloom 等，

2000；Lee 和 Skinner，1999；Wei 和 Hao，2010）。

但是以上文献大多是从经济发展的视角研究老龄化问题，未能解释老龄化影响财政政策和债务风险的内在机制，为此学者们试图从税收收入和社会保障支出入手，站在债务可持续性的角度寻求内在机制的合理解释。Andersen（2012）认为，一方面，由于所有 OECD 国家的养老金和医疗保障资金主要都来源于税收融资系统，而大部分税收收入的基石是劳动力市场收入，因此税收政策对于人口年龄结构的改变十分敏感，如适龄劳动人口和退休人口在人口总量中所占比重的改变。另一方面，老年人口的增加要求政府必须加大对于养老金的投入，由于这种刚性支出无法带来资本性收益，进而逐渐产生了税收系统难以弥补的财政缺口。关于老龄化与债务风险的研究尚不多见，Checherita 和 Rother（2010）发现由抚养比所代表的老龄人口负担是政府债务融资的重要致因，通过负债手段为养老金融资将会拖累经济增长。Pan 和 Wang（2012）利用动态因子分析研究了欧洲地区政府债务与老龄化的关系，实证发现老年抚养比和长期国债利率是影响债务水平的重要因素。

《2013 年世界人口老龄化报告》① 指出当前世界人口特征是生育率的下降和预期寿命的延长，即青壮年人口正在步入老龄化，而老年人口在继续高龄化。在全球范围内，80 岁及以上的老人（通常称为“高龄老人”）比例已经从 1950 年的 7% 增长到了 2013 年的 14%。预计到 2050 年，发达国家人口的平均预期寿命将达到 83 岁，发展中国家也将达到 74 岁。从 2013 年公布的政府债务和人口情况统计可见一斑，图 4－4（a）图可以清楚地看到老年抚养比与负债率呈正相关，其中日本、希腊、意大利等高负债国家老龄化的程度也十分最严重，而中国②、印度位于左下方的位置，表示当前的债务水平和老年抚养比较低。而图 4－4（b）则略有不同，整体看来 65 岁以上人口占比和 5 年期主权 CDS 价差存在一定的正相关，但也存在德国、日本等例外国家。那么在“银色浪潮”的冲击下，主权信用风险究竟会发生哪些变化？有鉴于此，本章在考虑传统债务风险影响因素的同时，引入老龄化这一社会趋势，希望能

① http：//www. un. org/en/development/desa/population/publications/pdf/ageing/WorldPopulationAgeing2013. pdf.

② 在统计口径上，这里仅包括一般意义上的政府债务，而不包含由政府隐性担保的公共部门政府债务，据学者估算，两者共占 GDP 的 50% 左右。

够解释主权债务的规模风险和金融市场中定义的违约风险之间的关系。作者更感兴趣的是对于不同经济发展水平、不同负债结构的国家，人口老龄化对于债务风险的影响会有哪些不同，是否能够通过人口结构的变化趋势对其进行衡量和判断。

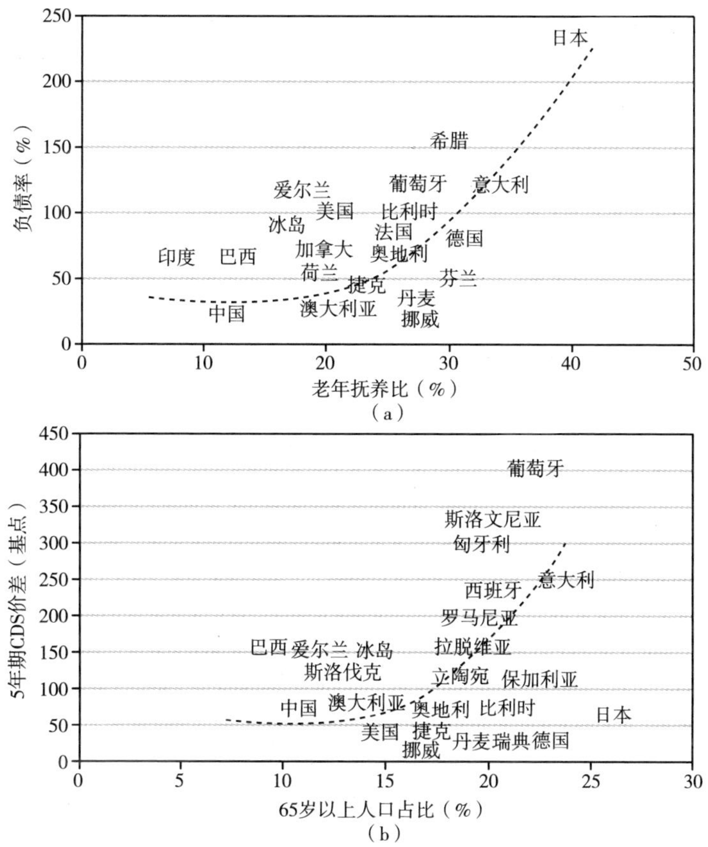

图 4－4　2013 年各国债务风险与老龄化情况

4.2　基于“政府—居民”模型的实证分析

实证部分首先利用面板回归模型考察福利支出和人口结构变化对于主权债务规模的影响；其次，利用中介效应模型考察人口结构变化通过财政收支影响主权债务的间接渠道，并从债务规模风险和主权信用风险两个方面进行验证。

4.2.1 福利制度错配与人口结构变迁的实证研究

根据理论部分推导出的政府负债率的影响因素模型，建立实证模型如下：

$$Debt_{i,t} = \beta_0 + \beta_1 Z_{i,t} + \theta X_{i,t} + u_i + \varepsilon_{i,t} \tag{4-1}$$

其中，Z 代表人口和福利指标，X 表示控制变量，下标 i 代表国家，t 代表时间，u_i 为观察不到的个体效应，$\varepsilon_{i,t}$ 为随机扰动项。

数据方面，本节选取了2003—2012年28个欧洲国家，分别为奥地利、比利时、保加利亚、塞浦路斯、捷克、丹麦、芬兰、法国、德国、希腊、匈牙利、冰岛、爱尔兰、意大利、拉脱维亚、立陶宛、卢森堡、马耳他、荷兰、挪威、波兰、葡萄牙、罗马尼亚、斯洛文尼亚、斯洛伐克、西班牙、瑞典、英国。同时，注意到数据库中包含欧盟和欧元区的整体统计结果，故将欧盟27国和欧元区17国的平均值加入其中，一共30个个体样本，数据来源于欧盟统计局数据库（Eurostat Database），个别国家难免存在一定的数据缺失（<10%），研究显示非平衡面板不会对政府债务规模的决定因素造成重大误差（尹恒等，2006）。从表4-2中可以看出，各级政府负债率差别巨大，最低6.1%，最高达170.3%。总替代率是指劳动者退休时的养老金领取水平与退休前工资收入水平之间的比率，欧盟国家的平均值在50.47%左右。养老金支出的GDP占比和社保支出的GDP占比两者内容上有一定交叉，社保支出一般包含了养老金支出，两者的平均值分别为10.47%和23.80%。教育和医疗支出的观测值较少，将其用于稳健性检验。出生率在不同国家略有差异，但是并没有像寿命一样随医疗技术进步而显著增加。

表4-2　　各变量的描述性统计

变量名	含义	观测量	均值	标准差	最小值	最大值
Debt	各级政府负债率（%）	298	56.19	28.82	6.1	170.3
65RE	65岁以上人口相对收入（%）	259	83.08	10.24	53.00	110.00
REPL	养老金总替代率（%）	258	50.47	8.57	28.00	79.00

续表

变量名	含义	观测量	均值	标准差	最小值	最大值
HEAL	医疗支出的 GDP 占比（%）	189	8.72	1.73	5.09	12.11
EDUC	教育支出的 GDP 占比（%）	229	6.42	1.92	2.76	12.53
PENS	养老金支出的 GDP 占比（%）	266	10.48	2.64	4.90	16.10
SOCE	公共支出的 GDP 占比（%）	266	23.80	5.54	11.30	34.70
OV65	65 岁以上人口比例（%）	300	15.88	2.27	10.80	20.80
OLDD	老年抚养比（%）	300	23.55	3.68	15.60	32.00
AVAG	平均寿命（岁）	300	77.89	2.94	70.10	82.00
INFR	通货膨胀率（%）	300	2.99	2.38	-1.70	16.30
YILD	平均国债收益率（%）	277	4.69	2.05	1.40	22.50
BIRR	出生率（‰）	300	10.88	1.64	8.10	16.70
GDPR	人均实际 GDP 增长率（%）	300	1.52	3.91	-16.30	12.00
FBAL	财政盈余（%）	298	-2.60	5.02	-30.60	18.80
TAXG	税收收入的 GDP 占比（%）	300	37.70	5.87	27.00	51.70

通常认为 65 岁以上人口相对收入、总替代率、养老金支出、公共支出 4 个指标既包含了老年人口结构信息，又是研究福利制度错配的常用指标（Pan and Wang，2012），因此作者将其定义为综合指标。随着老龄化程度的加深，65 岁以上人口比例，老年抚养比和平均寿命这 3 个指标都会不同程度的增加，因此作为衡量人口结构变迁的因素（如表 4-3 所示）。此外，Pearson 相关性分析显示目标解释变量之间存在较高的相关性，如 65 岁以上人口占比和老年抚养比、养老金总替代率和相对收入、人口结构指标和综合指标。根据理论模型和相关性分析，控制通货膨胀率、国债平均收益率、出生率①、财政盈余（赤字）、税收收入的 GDP 占比等因素，逐个对人口和福利指标进行面板回归分析，具体考察每个指标与债务规模之间的关系。考虑篇幅问题，正文部分重点展示老年抚养比（OLDD）、养老金总替代率（REPL）、公共支出的 GDP 占比（SOCE）三个代表性变量的回归结果。

① 由于欧洲国家的出生率近 20 年来没有明显变化，只将其作为控制变量。

表 4-3　　解释变量归纳

解释变量	具体指标	方向	文献支持
人口结构变迁指标	65 岁以上人口比例	+	Elgin and Uras（2013）、Liu and Hu（2013）
	老年抚养比	+	郑秉文（2011）、Anderson（2012）、Elgin（2013）、Liu（2013）
	平均寿命	+	尹恒（2006）、Anderson（2012）、Elgin（2013）、Liu（2013）
人口福利综合指标	65 岁以上人口相对收入	+	郑秉文（2011）、Elgin（2013）、Liu（2013）
	养老金总替代率	+	郑秉文（2011）、Liu（2013）
	养老金支出的 GDP 占比	+	Magnani（2011）、Haan（2012）、Narayana（2014）
	社保支出的 GDP 占比	+	Pan（2012）、Narayana（2014）
	医疗支出的 GDP 占比	+	Haan（2012）、Narayana（2014）
	教育支出的 GDP 占比	不确定	Andersen（2008）
控制变量指标	通货膨胀率	+	陈静（2012）、Elgin（2013）、Aizenman（2013）
	平均国债收益率	+	Pan（2012）、Narayana（2014）
	出生率	不确定	Anderson（2012）
	人均实际 GDP 增长率	不确定	周茂荣（2006）、尹恒（2006）、Liu（2013）、Teles（2014）
	财政盈余（赤字）	-（+）	陈静（2012）、Aizenman（2013）
	税收收入的 GDP 占比	不确定	尹恒（2006）、Forslund（2011）、Aizenman（2013）

值得注意的是，相关研究对于某些变量给出了截然相反的推断，如教育支出和出生率。短期内教育支出增加给政府带来财政压力；长期则意味着青年人口增加，对财政收入有正向影响。又如，经济增长对于债务规模的不确定性一方面可能源于主动负债刺激经济；另一方面，体现在经济增长减少相对债务规模。此外，税收增加，对债务的需求降低；而现实中增加税收的原因往往是政府财政困难，债务缺口增加，对负债率的影响难以确定。

实证检验中利用豪斯曼（Hausman）检验排除了随机效应模型（简称 RE 模型），应使用固定效应模型（简称 FE 模型）。考虑到面板数据常存在异方差问题，故使用聚类稳健标准差的 FE 模型。由于使用当期解释变量可能出现内生性，因此参考尹恒等（2006）和 Pan 等（2012）解决内生性的方法。使用滞后一期的解释变量进行回归，控制可能出现的内生性问题，以防止某些影响债务负担率的因素同时影响解释变量，造成解释变量与残差相关。

根据“马约”对于政府负债率的规定，债务规模应小于 GDP 的 60%。在文献梳理过程中，作者发现不少学者在研究主权债务问题时，仅根据本次危机的严重程度将欧洲国家归类分析，如危机国家、北欧国家，等等。作者认为，从人口变迁和福利制度的角度看，该分类方法割裂了欧洲整体完整性，如前所述，老龄化和高福利不是一个或几个国家的独有特点，而是其在第二次世界大战之后逐步建立、缓慢形成的人口、制度特征。同时，虽然部分欧洲国家在本轮风波中独善其身，随着老龄化程度的加深，长期表现仍待考证。因此，作者将所有国家纳入其中，按负债率分为大于 60% 和小于 60% 两个子样本，进而分析当政府负债率突破“马约”限制后，人口和福利指标对于国家债务规模的影响。

由表 4－4 可知，模型（1）—（3）显示老年抚养比，养老金替代率和公共支出指标全部显著，对债务规模均具有正向影响。对于控制变量，平均国债收益率和通胀率对政府负债率存在正向影响，财政盈余与负债率反向相关符合前文理论分析。税收的 GDP 占比对债务规模的影响并不显著，同时系数表现也相当紊乱，但这恰恰证实了欧洲普遍高福利、低税收的现实，长期宽松的税收政策使其无法满足财政可持续性目标的约束。出生率与之前分析表现一致，近年来没有明显变化，不对负债率构成显著性影响，这点与 Andersen（2012）研究相同。人均实际 GDP 增长率显著性欠佳，根据理论模型推断其与负债率水平是并非线性关系，作者只做控制变量，因此并无具体模型形式估计的必要。模型（4）和（5）显示养老金总替代率在负债率高于 60% 时变得不显著；负债率低于 60% 时却非常显著。这是因为高负债率时，总替代率在一定程度上维持现状，不再随着债务比例的提高而有所变化，即退休后的待遇在达到一定水平时停滞，政府困难的财政状况没有能力持续改善福利待遇。模型（6）—（9）显示社会保障支出和老年抚养比的增加在负债率较高时影响更大。这与现实情况不谋而合，当高负债国家面对人口不断老龄化的趋势，为了保持高福利政策，债台只会越筑越高；而低负债国家的养老金等福利支出不依赖于债务融资，因此不会对政府债务呈现显著影响。

实证结果表明：第一，老龄化对债务规模的增长影响显著，其作为不可回避的人口结构变化趋势，对于公共支出的冲击必然逐步加重。第二，负债率越高，债务规模受综合福利指标的影响越大。随着人口中位数的向后推移，老年人口基数的扩大对于依靠“债务经济”模式发展的欧洲国家来说无疑是雪上加霜。

表 4－4 人口结构变迁、福利制度错配对主权债务规模的影响（2003—2012 年）

模型序号	(1)	(2)	(3)	(4)	(5)	(6)	(7)	(8)	(9)
REPL	50.061 *** (3.15)			-0.391 (-0.01)	49.363 *** (3.06)				
SOCE		4.846 *** (6.10)				5.445 *** (6.39)	2.093 ** (2.40)		
OLDD			4.675 *** (5.66)					5.835 *** (4.42)	2.840 ** (2.66)
GDPR	0.135 (0.51)	0.475 ** (2.42)	0.273 (1.03)	-1.098 ** (-2.51)	0.013 (0.07)	-0.222 (-0.92)	0.024 (0.13)	-0.759 ** (-2.72)	0.025 (0.11)
INFR	1.685 *** (4.07)	1.279 *** (2.92)	0.617 (1.43)	3.284 ** (2.72)	0.879 ** (2.53)	2.785 *** (3.72)	0.565 ** (2.37)	1.861 * (2.11)	0.204 (0.91)
YILD	3.797 *** (3.94)	2.049 ** (2.32)	2.956 *** (3.19)	4.115 *** (4.10)	1.621 (1.52)	2.495 *** (2.95)	0.620 (0.68)	3.647 *** (4.12)	1.174 (1.69)
BIRR	-2.826 (-1.01)	2.093 (0.93)	-0.884 (-0.38)	-11.114 * (-1.97)	-0.081 (-0.03)	-6.611 (-1.22)	2.296 (1.21)	-3.800 (-0.92)	-0.253 (-0.12)
FBAL	-2.771 *** (-7.25)	-0.607 (-1.22)	-2.566 *** (-6.45)	-2.206 *** (-3.52)	-2.003 *** (-4.28)	-0.405 (-1.15)	-0.877 (-1.36)	-1.801 *** (-3.28)	-1.745 *** (-3.88)
TAXG	0.371 (0.52)	-0.637 (-0.92)	1.216 * (1.92)	-1.547 (-0.88)	-0.062 (-0.10)	-1.915 ** (-2.70)	-0.529 (-0.75)	-0.652 (-0.71)	0.724 (1.05)
观测值	213	245	249	104	109	116	129	118	131
R - squared	0.662	0.709	0.672	0.634	0.590	0.771	0.554	0.747	0.523
国家数	28	28	28	16	18	16	19	16	19
F 检验	67.71	34.92	38.39	142.6	52.83	81.99	13.11	128.1	15.82

说明：***，**，* 分别对应 1%，5%，10% 的显著性水平，括号内是对应聚类稳健标准差的 t 统计量，随机效应模型结果均被 Hausman 检验拒绝。

4.2.2　引入中介效应模型的实证研究

考虑到人口结构作为经济的基础变量，对于社会福利支出和财政收支可能产生一定影响，为此作者采用中介效应检验其影响机制。中介效应（Mediating Effect）是指自变量 A 对因变量 B 影响的中介效果，如果 A 通过变量 M 来影响 B，则 M 被称为中介变量（温忠麟等，2004）。因此，建立中介效应回归模型如下所示：

$$Risk_{i,t,j} = \lambda_{0,j} + c_j Z_{i,t} + \lambda_{1,j} X_{i,t,j} + u_{i,j} + \varepsilon_{i,t,j} \tag{4-2}$$

$$M_k = \mu_{0,k} + a_k Z_{i,t} + u_{i,k} + \varepsilon_{i,t,k} \tag{4-3}$$

$$Risk_{i,t,j} = \theta_{0,j} + c'_j Z_{i,t} + b_k M_k + \theta_{1,j} X_{i,t,j} + u_{i,j} + \varepsilon_{i,t,j} \tag{4-4}$$

其中，$Z_{i,t}$代表了不同类型的老龄化指标，下标 j 为 1 或 2，分别代表债务规模和违约概率模型，下标 k 表示中介变量的不同指标，如财政盈余、社会保障支出和税收收入。根据中介效应的检验原理，若 c_j、a_k、b_k 的系数均显著，则中介效应存在；若至少有一个不显著，则需进一步采用 Sobel 检验，其显著性水平 5% 对应的临界值为 0.97，故当统计量大于 0.97 时存在中介效应。

在中介效应得到确认之后，可以就国家差别和老龄化程度差异对主权债务风险的影响进行具体研究。对于主权债务规模来说，一般认为经济增长率（周茂荣，2006；Liu，2013；Teles，2014；马宇，2015）、财政收支（陈静，2012；Aizenman，2013）与通货膨胀率（Forslund，2011；Pan，2012；Elgin，2013）对于政府债务规模具有显著影响，而为了刻画雪球效应①，往往在模型中加入前期的利息支出因素，因此可以估计如下方程作为基准模型：

$$Risk_{i,t}^{debt} = \alpha + \beta_1 growth_{i,t} + \beta_2 balance_{i,t} + \beta_3 inflation_{i,t} + \beta_4 interest_{i,t-1} + u_i + \varepsilon_{i,t} \tag{4-5}$$

（4-5）式中，u_i 为观察不到的个体效应，代表不同国家存在的制度差异，下标 i 代表国家，t 代表时间，$\varepsilon_{i,t}$为随机扰动项。

---

① 欧盟委员会将利息支出和经济增长对债务的共同影响定义为雪球效应（Snow Ball Effect），政府债务利息支出越多，通过利息积累的政府债务越多，详见 http：//ec. europa. eu/economy_finance/ameco/HelpHtml/adggi. html.

对于主权债务违约概率而言，目前学术界的研究主要集中在债务收益率（Ammer 和 Cai，2007）、宏观经济和财政因素（Longstaff 等，2011；Aizenman 等，2013），由此对（17）式略作修改，估计如下方程作为基准模型：

$$Risk_{i,t}^{PD} = \alpha + \beta_1 growth_{i,t} + \beta_2 balance_{i,t} + \beta_3 inflation_{i,t} + \beta_4 longrat_{i,t} + u_i + \varepsilon_{i,t} \quad (4-6)$$

（4－6）式将代表雪球效应的利息支出替换为与债务违约风险更为相关的长期利率 $longrat_{i,t}$。

需要指出的是，生命周期假说指出消费和储蓄会随着个人（或家庭）所处的生命阶段改变，因此理论部分的假设可能存在一定的理想化，如年龄结构的变化无论对于其经济增长（如人口红利理论）还是通货膨胀（如老龄化造成劳动力市场供不应求，导致工资上升，劳动力成本上升又促进对基本品的需求，从而引起价格总水平的变化）都会产生相应影响；又如，老龄化将导致储蓄率的下降，进而可能造成长期利率的变动（伍戈和曾庆同，2015）。此外，Liu 和 Hu（2013）指出，如果不考虑其他结构性变量（如失业率等），可能导致错误的回归结果。为了克服这些影响，作者尝试从跨年度预算约束条件中找出受老龄化影响较弱的变量，并采用双向固定效应模型以兼顾不同国家存在的制度差异与国际环境的周期性，避免所有由不随时间和国家变化因素所导致的遗漏变量偏倚问题。

在变量选取方面，政府债务规模作为衡量一国债务风险的主要指标，现有研究大都从适度规模的角度进行研究（Pan，2012；黄晓薇等，2015；马宇等，2015），一方面，人口结构老化与过高的福利将“绑架”一国政府过度债务融资，增加债务违约风险。另一方面，通过从金融市场中提取“主权债务违约预期”信息，能够推断未来主权债务可持续性前景和外币资产的预期价值，其中以 CDS 为首的新型金融衍生工具近年来需求大增，虽然国际三大评级机构对于主权信用也有相应评级，考虑到其评级含有一定的主观因素以及对其准确性的争议，主权 CDS 所具有的保险属性和多空双向的交易模式相对于评级本身拥有更合理的价格走势和更快的反应速度。因此，在被解释变量的选择上，以债务规模为主，同时尝试建立微观层面主权金融资产价格（5 年期和 10 年期 CDS 利差）和宏观层面主权信用风险两者之间的联系。

模型中需要检测的目标变量是老龄化程度，一类是老年人口的比重，包括老年抚养比（即65岁以上人口占劳动人口的比重）、65岁以上人口占比、80岁以上人口占比，考虑到近年来80岁以上的高龄老人逐渐增多的趋势，实证中将进一步探究“老龄化”与“高龄化”的差别影响；另一类是预期寿命，包括男性和女性；第三类是养老金支出的GDP占比，该指标包含了老龄化程度和一国担负的老龄化成本双重信息，可以进一步反映养老制度安排所带来的债务风险。根据理论模型，预计三类指标的系数均为正数。在控制变量选取上，作者考察了经济增长、财政盈余、通货膨胀、利息支出等传统指标，并且选取增长率修正后的贴现率、人口增长率、资本收益、失业率等内在影响因素。

为了样本统一，本节依旧使用了欧洲28国2002—2012年的面板数据，由于引入了主权CDS数据，故剔除了上节中的欧盟和欧元区平均值。采用欧洲国家数据能够有助于简化模型和控制变量，如欧元作为国际储备货币，币值较为稳定，非欧元区国家也较为发达，汇率相对稳定，可以降低汇率因素对主权债务风险的影响，这与理论模型假定较为匹配。此外，欧洲国家数据较为完善，宏观经济数据来源于欧盟统计局数据库和欧盟委员会年度宏观经济数据库（AMECO），主权CDS市场数据来自彭博数据终端（Bloomberg Professional Service），提取了5年期和10年期的月度数据，并取平均值得到相应的年度数据①。

从表4-5中可以看出，各国政府负债率变化明显，最低6.1%，最高达到170.3%。5年期主权CDS均值为144.74，高于10年期的128.20。欧洲老年抚养比近十年的平均值已经高达23.37%，80岁以上人口占比接近4%，预期寿命不断延长，养老金支出占据了越来越多的社会保障支出份额。控制变量方面，利息支出的GDP占比位于0.19%~7.25%，失业率较高，均值为8.15%，财政盈余近十年的平均水平处于3%的临界值下，但是不同国家之间差别较大。

① 由于在2008年之前CDS交易规模小且流动性低，个别国家存在一定的数据缺失，如卢森堡、马耳他无5年期交易数据，冰岛缺失2011年以前的数据。

表 4-5 主要变量的统计描述

变量类型	符号	含义	观测数	均值	标准差	最小值	最大值
被解释变量	DR	各级政府债务的 GDP 占比（%）	278	55.02	29.38	6.10	170.30
	CDS5	5 年期主权信用违约互换价差（基点）①	205	144.74	293.77	1.79	3164.38
	CDS10	10 年期主权信用违约互换利差（基点）	186	128.20	144.83	2.36	671.96
检验变量	OLDD	老年人抚养比（%）	280	23.37	3.74	15.60	32.00
	OV80	80 岁以上人口占比（%）	280	3.93	0.86	2.10	6.00
	OV65	65 岁以上人口占比（%）	280	15.77	2.30	10.80	20.80
	LIFM	男性预期寿命（岁）	280	75.31	3.95	64.50	81.60
	LIFW	女性预期寿命（岁）	280	81.49	2.43	74.80	85.70
	PENS	养老金支出的 GDP 占比（%）	250	10.34	2.66	4.90	16.10
控制变量	DISR	修正后的贴现率（%）②	280	3.05	5.32	-7.83	36.52
	CAPR	资本收益的 GDP 占比（%）③	274	12.31	8.30	3.50	107.98
	PEOR	人口增长率（%）	280	0.36	0.88	-2.23	2.92
	INTE	利息支出的 GDP 占比（%）	276	2.32	1.26	0.19	7.25
	UNEM	失业率（%）	280	8.15	3.87	2.30	24.80
	LR	长期利率（%）	274	4.84	2.15	1.40	22.50
	SOCE	社保支出的 GDP 占比（%）	250	23.53	5.59	11.30	34.70
	TAXG	税收收入的 GDP 占比（%）	280	37.50	6.02	27.00	51.70
	GDPR	真实 GDP 增长率（%）	260	1.95	3.87	-17.70	11.00
	FBAL	财政盈余（%）	278	-2.54	5.17	-30.60	18.80
	INFR	通货膨胀率（%）	280	3.05	2.45	-1.70	16.30

本节分别考察财政盈余、社会保障支出和税收收入作为中介变量时，对于老龄化指标是否存在中介效应，这里使用老年抚养比作为老龄化指标的代表。如表 4-6 所示，模型（1）—（3）所列示的被解释变量为债务规模，模型（4）—（6）所列示的被解释变量是主权 CDS。首先，将财政盈余作为中介变

① 基点即 Basis Points，其中美国 CDS 报价的单位为欧元，其他国家均为美元报价。由于 CDS 价格分为竞价（Bid）和询价（Ask），为了不产生偏误，实证中均使用两者的中间价格（Mid），并对原始数据取对数处理。

② 使用真实 GDP 增长率和长期利率计算所得。

③ 资本收益由资本存量乘以长期利率所得。

量，模型 1 和模型 4 显示中介效应显著。其次，为了考察老龄化对于收入和支出两个方面影响，模型（2）—（3）和模型（5）—（6）使用了社保支出和税收收入两个中介变量，可以看出社保支出的中介效应显著，而 Sobel 检验显示，税收收入的中介效应并不完全显著，债务规模和主权 CDS 的结果存在差异。值得注意的是，与模型（1）相比，第三步中模型（2）—（3）的老龄化指标系数 c'_j 存在较大幅度的下降，这是由于同时引入两个中介变量在一定程度上降低了老龄化对于债务风险的直接影响。从回归系数 c'_j 可以看出，老年抚养比系数全部正向显著，表示老龄化对债务风险具有直接影响。回归系数 a_k、b_k 大部分也显著，则说明老龄化能够通过财政收支中介增加债务风险，因此，可以证实理论模型设定具有合理性。

表 4-6　中介效应实证结果

步骤	回归系数及 Z 值	(1) FBAL	(2) SOCE	(3) TAXG	(4) FBAL	(5) SOCE	(6) TAXG
第一步	c_j	5.498*** (0.755)	5.498*** (0.755)	5.498*** (0.755)	1.077*** (0.114)	1.077*** (0.114)	1.077*** (0.114)
第二步	a_k	-0.688** (0.251)	0.935*** (0.230)	-0.137 (0.109)	-0.688** (0.251)	0.935*** (0.230)	-0.137 (0.109)
第三步	c'_j	4.885*** (0.808)	2.657*** (0.723)	2.657*** (0.723)	1.018*** (0.120)	0.895*** (0.150)	0.895*** (0.150)
	b_k	-1.453*** (0.262)	3.636*** (0.374)	-0.264 (0.475)	-0.157*** (0.051)	0.434*** (0.099)	-0.154* (0.082)
控制变量		Yes	Yes	Yes	Yes	Yes	Yes
Sobel 检验	Z 统计值			0.508			1.045
中介效应		显著	显著	不显著	显著	显著	显著

说明：***，** 和 * 分别表示在 1%，5% 和 10% 的显著性水平上显著，控制变量包括实际经济增长率、通货膨胀率、利息支出的 GDP 占比、长期利率等，括号内为标准差。

在此基础上进一步分析了“老龄化”与“高龄化”的影响。如表 4-7 所示，模型（1）—（4）所列示的被解释变量是债务规模，模型（5）—（8）所列示的被解释变量是主权 CDS。一是将老年抚养比和预期寿命同时加入回归方程，模型（1）—（3）和模型（5）—（7）分别对控制变量和时间固定效应进行逐步控制，可以发现预期寿命的延长对于债务风险的影响更为直接，且结果稳健。二是将老龄化和高龄化指标同量纲处理，使用65岁以上人口占比代表老龄化，80岁以上人口占比代表高龄化，模型（4）和模型（8）显示同时对二者回归，80岁以上人口的显著性和系数均远远高于前者，证实了高龄化对政府债务风险将产生更为严重的结果。此外，观察模型（2）—（4）可以发现，对于债务规模来说，利息支出带来雪球效应也是显著的。

表4-7 “老龄化”与“高龄化”回归结果比较

	(1) DR	(2) DR	(3) DR	(4) DR	(5) CDS5	(6) CDS5	(7) CDS5	(8) CDS5
OLDD	1.808 (1.349)	1.496* (1.968)	1.329 (1.641)		0.234 (1.382)	0.255 (1.556)	0.256 (1.648)	
LIFM	6.130*** (3.903)	5.469*** (4.414)	5.406*** (4.768)		1.090*** (5.389)	1.178*** (5.593)	0.883*** (4.053)	
OV65				2.853 (1.378)				0.322 (1.045)
OV80				10.683*** (3.236)				2.058*** (4.741)
INTE		16.158*** (6.242)	11.930*** (6.398)	11.779*** (5.971)				
时间固定效应	no	no	yes	yes	no	no	yes	yes
控制变量	no	yes	yes	yes	no	yes	yes	yes
观测值	278	230	242	242	205	186	205	205
R^2	0.303	0.765	0.799	0.795	0.600	0.762	0.644	0.666

说明：***，** 和 * 分别表示在1%，5%和10%的显著性水平上显著，使用聚类稳健标准差，括号内为t统计量。控制变量为实际经济增长率、通货膨胀率、税收收入的GDP占比、社保支出的GDP占比、财政盈余、修正后的贴现率、资本收益的GDP占比等，篇幅原因予以省略。

此外，老龄化趋势在欧洲大陆上普遍存在，然而给南北欧带来的影响却大相径庭，南欧五国[①]与北欧四国[②]差距明显（如表4－8所示），模型（1）—（4）显示了南欧五国的回归结果，老年抚养比和预期寿命都相当显著，而模型（5）—（8）列示的北欧四国虽然也伴随着较为严重的老龄化特征，但其对于债务风险的影响并不显著。进一步比较子样本中的控制变量可以看出，南欧五国雪球效应显著，同时长期利率影响显著，仅仅是利息成本就足以让希腊等国家身陷囹圄。

表4－8　南欧五国与北欧四国的实证结果

	(1) DR	(2) DR	(3) CDS5	(4) CDS5	(5) DR	(6) DR	(7) CDS5	(8) CDS5
OLDD	10.88*** (1.393)		1.490*** (0.190)		0.476 (1.921)		1.069 (0.411)	
LIFM		12.73*** (2.116)		1.883*** (0.198)		0.256 (3.210)		2.212*** (0.201)
L.inte	14.70* (5.650)	18.73** (4.889)			11.85* (3.615)	11.45* (3.519)		
L.longrat			0.0201 (0.099)	0.185* (0.067)			0.312 (0.744)	0.624 (0.315)
控制变量	yes	yes	yes	yes	yes	yes	yes	yes
观测值	42	42	41	41	27	27	23	23
R^2	0.883	0.895	0.856	0.922	0.779	0.777	0.672	0.804

说明：***，**和*分别表示在1%，5%和10%的显著性水平上显著，控制变量包括实际经济增长率、通货膨胀率、财政盈余等，括号内为标准差。

4.2.3　实证结果的稳健性检验

Driscoll和Kraay（1998）提出了综合考虑异方差和序列相关因素的固定效应模型（简称SCC模型），当同时存在异方差和序列相关问题以及截面相关性质未知时，SCC模型能够给出更为稳健的估计结果。同时检验全部人口结构和综合福利指标，如表4－9所示。

① 分别是葡萄牙、意大利、爱尔兰、希腊、西班牙，因其国家首字母为“PIIGS”，又称“欧猪五国”，Aizenman et al.（2013）也将其缩写为SWEAP。

② 分别是挪威、瑞典、芬兰、丹麦。

表 4-9 福利支出与人口结构变化的稳健性检验

因变量	模型形式	模型信息	65RE	PENS	EDUC	HEAL	OV65	AVAG	OLDD	SOCE	REPL
Debt	FE	系数	115.114***	7.191***	-0.371	6.769**	7.152***	7.182***	4.675***	4.846***	50.061***
		t 值	(-5.22)	(-3.73)	(-0.18)	(-2.77)	(-5.27)	(-7.16)	(-5.66)	(-6.1)	(-3.15)
		观测值	213	245	210	169	249	249	249	245	213
		R-squared	0.753	0.673	0.623	0.487	0.665	0.738	0.672	0.709	0.662
		F 检验	73.58	21.71	76.06	15.62	39.53	40.46	38.39	34.92	67.71
	SCC	系数	112.766***	5.868**	-0.428	4.481	7.565***	7.164***	4.869***	4.046***	57.413**
		t 值	(-4.83)	(-3.12)	(-0.85)	(-1.23)	(-4.17)	(-3.65)	(-4.64)	(-4.48)	(-3.08)
		观测值	240	245	210	169	277	277	277	245	240
		R-squared	0.666	0.614	0.581	0.405	0.567	0.621	0.577	0.653	0.564
		F 检验	5674	5822	4021	361.2	420.8	196.1	485	700.9	700.4
Debt>60	FE	系数	182.522***	12.327***	0.197	17.527***	9.124***	7.745***	5.835***	5.445***	-0.391
		t 值	(-4.06)	(-4.68)	(-0.08)	(-5.26)	(-4.32)	(-5.33)	(-4.42)	(-6.39)	(-0.01)
		观测值	104	116	92	63	118	118	118	116	104
		R-squared	0.763	0.767	0.517	0.734	0.737	0.764	0.747	0.771	0.634
		F 检验	162.4	75.01	12.3	170.1	145.5	112.6	128.1	81.99	142.6
Debt<60	FE	系数	66.844***	2.492	-1.454	-0.257	4.401**	5.121***	2.840**	2.093**	49.363***
		t 值	(-5.97)	(-1.66)	(-1.02)	(-0.12)	(-2.73)	(-5.91)	(-2.66)	(-2.4)	(-3.06)
		观测值	109	129	118	106	131	131	131	129	109
		R-squared	0.645	0.543	0.517	0.577	0.523	0.637	0.523	0.554	0.59
		F 检验	42.89	21.98	13.71	22.87	14.12	28.39	15.82	13.11	52.83

说明：***，**，* 分别对应 1%，5%，10% 的显著性水平，括号内是对应聚类稳健标准差的 t 统计量，考虑篇幅问题省略常数项和控制变量。

通过对比可以看出，65 岁以上人口的相对收入对于两个子样本的影响明显不同，负债率越高的样本受到相对收入变化的冲击越大。具体来说，对于国债负担率高于“马约”限制的国家，相对收入每提高 1%，负债率需要提高 1.8%；而国债负担率低于“马约”要求的国家，只需要提高 0.67% 作为补偿。对于负债率低于 60% 的国家，养老金支出指标并不显著，这很可能是因为在一个较低的负债率，政府完全有能力依靠财政收入或税收来满足养老金支出，没有使用债务融资的动机。教育支出指标全部不显著，说明对于幼儿和青年的公共支出不影响负债率。医疗保健支出对于高负债国家作用明显，对于低负债时期的国家基本没有影响。关注人口结构因素在不同负债率水平的影响情况，65 岁以上人口的增加对于高负债率的国家来说影响更大，几乎是低负债率国家的两倍，也就是说，政府债务占比越高，每增加一位老人所带来的债务规模的增长越大。平均寿命作为老龄化的直接指标，无论各级政府负债率高低，寿命的延长对于债务规模均有显著影响，换句话说，在目前的经济发展和福利政策水平下，随着享受福利待遇的人群越来越长寿，现存的财政收支机制无法满足潜在的保障群体，借债成为各国政府维持短期平衡的无奈之举。使用最大滞后数为 2 的 SCC 模型，回归结果与 FE 模型基本一致。

本节也检验了中介效应可能产生的稳健性变化，表 4 - 10 中模型（1）。一方面使用 65 岁以上人口占比作为老龄化指标，与老年抚养比相比，后者对债务风险的影响更加强烈；另一方面，考虑到老年人口的福利待遇，高福利与高龄化之间存在着一定的因果关系，因此可以使用养老金支出作为代理变量进一步检验其对债务风险的影响（模型 2），结果显示养老金指标同样显著，欧洲养老金替代率普遍较高，优厚的福利制度保障其公民的退休生活，然而随着老年人口的增加，养老金支出自然“水涨船高”。此外，由于女性预期寿命普遍高于男性，在其他控制变量不变的前提下，作者发现女性寿命对债务风险的影响系数更高，证实了老年人口高龄化问题的严重性（见模型 3）。

人口老龄化作为全球共同面临的社会问题，在欧洲大陆之外也普遍存在，如日本老龄化程度全球第一，印度、巴西、中国等金砖国家同样面临着不同程度的人口结构老化，可见，无论是发达国家，还是新兴市场或发展中国家，研

表 4-10 静态面板稳健性检验汇总结果

因变量	检验方法	更换目标变量（1-3）			扩展国家数量	人均收入子样本（>20000 美元）	人均收入子样本（<20000 美元）	更换计量方法（SCC）		更换因变量（CDS10）	
	自变量	(1) OV65	(2) PENS	(3) LIFW	(4) OLDD	(5) OLDD	(6) OLDD	(7) OLDD	(8) LIFM	(9) OLDD	(10) LIFM
DR	系数	7.130***	4.935***	7.577***	5.307***	6.073***	2.576	3.601***	5.223***		
	t 值	(6.59)	(5.89)	(6.71)	(6.04)	(5.83)	(1.02)	(3.56)	(3.97)		
	观测值	242	215	242	385	287	98	268	268		
	国家数	28	28	28	35	29	13	28	28		
	R^2	0.761	0.801	0.780	0.269	0.267	0.074	0.8151	0.8387		
CDS5	系数	1.388***	0.946***	1.244***	0.688***	0.730***	0.438	0.810***	1.124***		
	t 值	(9.01)	(5.53)	(7.06)	(4.19)	(3.81)	(1.64)	(7.11)	(6.16)		
	观测值	205	178	205	250	176	74	205	205		
	国家数	25	25	25	30	25	10	25	25		
	R^2	0.581	0.581	0.597	0.400	0.381	0.084	0.5687	0.6347		
CDS10	系数	1.269***	0.802***	0.958***	0.480***	0.520***	0.246*			0.731***	0.913***
	t 值	(11.09)	(4.55)	(5.12)	(3.69)	(3.38)	(2.13)			(10.58)	(7.20)
	观测值	186	161	186	221	155	66			186	186
	国家数	24	24	24	29	24	10			24	24
	R^2	0.517	0.496	0.472	0.200	0.218	0.039			0.499	0.536

说明：***，** 和 * 分别对应 1%，5% 和 10% 的显著性水平，括号内是对应聚类稳健标准差的 t 统计量，所有模型均加入了时间固定效应，省略控制变量和常数项，其中利息支出的 GDP 占比、修正后的贴现率、资本收益的 GDP 占比使用滞后一期数据。

究发现人口老龄化给主权债务风险造成了不可忽视的影响（马宇和王群利，2015；杜萌和马宇，2015）。因此，为了测度老龄化对于全球范围的影响，作者在样本国家基础上加入了经济体量排名世界前列、数据相对完善的 7 个国家，分别是日本、巴西、印度、中国、美国、澳大利亚、加拿大，如模型（4）所示，虽然不同国家的老龄化程度有所差别，但整体看来被检验命题均成立。在此基础上，按照经济发展水平分为 2 个子样本，使用人均收入水平作为分类标准，希望验证 Futaganmi 和 Nakajima（2001）所提出的老龄化对人力资本投资的刺激是否有助于降低债务风险，然而模型 5① 回归结果显示，高收入国家债务风险受人口结构老化的影响更甚。

模型（7）和模型（8）同样适用 SCC 模型，显示老年抚养比和预期寿命的检验结果与双向固定效应模型一致，老龄化指标系数显著为正。如前所述，作者搜集了彭博数据库中相对完整的 10 年期 CDS 数据，作者参考 Aizenman 等（2013）的建议进行稳健性检验，从模型（9）和模型（10）中可以看出，更换 10 年期 CDS 指标作为因变量所得的研究结论与前文基本一致。

在上述估计中，作者为了克服模型中的内生性问题，使用相关变量的滞后一期值，同时假定债务风险不存在自我动态调整的过程。但现实情况并非如此，由于存在情绪因素和雪球效应②，前期情况对当其结果可能存在着不可低估的影响，因此使用动态面板数据的差分广义矩估计（GMM）方法衡量惯性对被解释变量的影响，并作为控制内生性的稳健性检验。表 4 - 11 中显示因变量一阶滞后项的估计系数非常显著，说明债务风险越高的国家，未来出现债务危机的可能性越大。同时，加入时间虚拟变量控制外部宏观环境周期因素后，目标变量与固定效应模型得到的估计结果十分类似，故不再赘述。

---

① 低收入国家由于样本选取数量较少，因此结论的稳健性可能有所欠缺，仍需进一步研究，见模型（6）。

② 正文中的利息支出显著影响债务规模已经说明雪球效应的存在，由于上期债务与当期利息信息重叠，因此在衡量债务规模风险的动态面板模型中，需要将利息支出从控制变量中剔除。

表 4-11　　　　　　　　动态面板稳健性检验

	DR (1-2)		CDS5 (3-4)	
	(1)	(2)	(3)	(4)
L. DR	0.608 *** (4.32)	0.633 *** (4.72)		
L. CDS5			0.696 *** (6.29)	0.437 *** (4.17)
OLDD	3.380 *** (2.90)		0.381 *** (2.97)	
LIFM		4.110 *** (4.99)		0.899 *** (4.32)
观测数	217	217	144	144
国家数	28	28	25	25
过度识别 sargan	0.0505	0.0728	0.1679	0.157
自相关 AR (2)	0.3485	0.2378	0.9087	0.3002
时间 dummy	是	是	是	是
聚类标准差	是	是	是	是

说明：***，** 和 * 分别对应 1%，5% 和 10% 的显著性水平，括号内是对应聚类稳健标准差的 t 统计量，考虑篇幅问题省略常数项和控制变量。

综上所述，实证结果表明老龄化对债务规模的增长影响显著，其作为不可回避的人口结构变化趋势，对于公共支出的冲击必然逐步加重。同时，负债率越高，债务规模受综合福利指标的影响越大。随着人口中位数的向后推移，老年人口基数的扩大对于依靠“债务经济”模式发展的欧洲国家来说无疑是雪上加霜。

4.3 研究结论与小结

“婴儿潮”一代人的老去导致养老金入不敷出现象逐渐上升到了宏观经济层面，长期实施“债务经济”的欧洲大陆在金融危机的冲击下违约风险集中爆发，无论是债务积累产生的雪球效应，还是错配的福利保障制度下非资本性支出的削减难题，都在主权债务中体现得淋漓尽致。本节尝试结合金融市场和宏观经济探讨老龄化影响债务风险的内在机制，从理论和经验两个方面进行初步探索，为政府制定相关劳动力市场和退休政策提供理论依据和决策参考。理论分析表明，老年人口增多和预期寿命延长会通过财政收支影响政府债务缺口，政府担保能力的降低将提高违约概率，进而增加主权债务风险。在此基础上，作者利用面板数据进行实证检验：从过去十余年的数据来看，寿命延长对于主权债务风险的影响高于年龄结构的老化，高龄老人需要消耗更多的养老资源（如医疗、照护和保健等），同时也证实了长期债务超发所产生的雪球效应对负债规模影响显著。

除此之外，子样本研究显示南欧五国和北欧四国的老龄化和高龄化均显著影响债务风险，但是其他经济指标的影响系数差异较大，如对于规模风险来说，南欧五国债务风险也来自于债务存量积累的雪球效应和资产贬值；对于信用风险来说，两者的差异性还体现在失业、人口增长率等因素。因此，作者认为欧洲所谓的“第二次人口红利”仍然停留在人口老化带来的家庭部门财富积累，并未带来国家财政可持续性的提高。

尽管由于数据的限制和经验研究范式本身的局限性，作者的研究结论可能并不完善，但可以肯定的是，过高的福利支出和老龄化成本将会形成潜在的政府债务，且随着老龄化的加深进一步增加政府债务风险。

第5章 隐性担保、银行救助与政府债务风险实证研究

金融业作为国民经济的命脉，一旦出现问题，政府往往不会袖手旁观。通常政府会采取国有化、存款担保、直接注资、债务担保等形式的金融救助行为。典型的金融救助行为出现在银行部门，谢赤（2003）曾指出银行救助是政府为破产银行提供一揽子支持措施，旨在保持银行的清偿能力，改善其流动性状况，维持其正常运行。根据理论分析，如果政府运用征税权利为特定银行提供支持，对远期生产部门征税，必然需要增发大量政府债务，这些临时性增发的政府债务融资成本一旦高于未来使用税收偿还的限度，便具有了庞氏融资性质，对于国家信用产生负面影响。本章主要考察以下两个命题：新增政府债务规模越多，主权信用风险越大；金融救助后，银行业风险随着政府债务贬值而上升，主权信用风险与银行风险相互影响。

5.1 政府隐性担保导致的主权债务风险

5.1.1 债务风险在银行和政府间形成闭环

回溯2008年金融危机的爆发原因可以发现，这是一场由家庭部门债务违约开启的危机传导链。2006年之前凭借抵押贷款衍生产品较高的收益率和房价持续上涨预期的支撑，次级债券成为全球投资者竞相追逐的“香饽饽”，欧洲金融机构为了追求更高的收益，购买了大量的美国次级债。次贷危机的爆发

后，欧洲银行业出现了大量与次贷相关的资产减计和损失，全球金融危机使银行面临的市场风险和流动性风险也逐步增加，具体表现为风险资产增多、银行股价下跌和流动性不足。为了防止金融系统瘫痪，欧洲政府对银行展开担保、注资等救助行为。这一举措给政府带来了大量的或有负债，对公共部门的资产负债表造成了恶劣影响。与此同时，在福利制度和人口老龄化背景下，实体经济受到金融危机的冲击，政府收入下降而支出刚性增长。一方面，由于储蓄率较低，欧洲政府债务严重依赖外部融资，财政缺口扩大与债务规模高企使希腊政府无法通过借新债还旧债实现债务循环，率先爆发了债务危机。另一方面，银行作为政府债券的持有者，政府信用下降势必降低银行的资产质量，债务风险在银行和政府之间最终形成“闭环”。

5.1.2　银行危机历久弥新

2015 年英国退欧公投引发的风波持续扰动全球金融市场。银行业股价突然恶化，这次的风暴不仅仅发生在意大利、西班牙等南欧国家，甚至出现在了经济一向坚挺的德国。与次贷危机扩散直接导致的金融危机不同，本轮银行危机来自于实体经济乏力引发的不良贷款升高（如图 5－1 所示）。

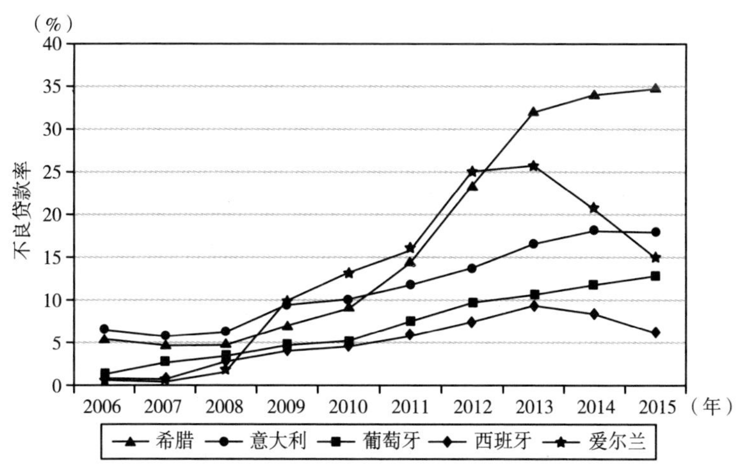

图 5－1　原“欧债危机”国家银行不良贷款率现状

虽然欧洲央行拥有更多的危机处理经验和量化宽松工具，但各国政府面对公共风险可能不会服从欧盟的财政约束，欧元区本就存在单一的货币政策与多元的财政政策并存的制度缺陷。举例来说，意大利政府就不顾欧盟反对，提出推行 400 亿欧元的银行业救助计划，在该国银行体系出现严重系统性危机时，单方面向受困的银行体系注入大规模资金。而且，除爱尔兰外，原债务危机国的负债率并未显著降低，各国政府仍然面临债务悬额（Debt Overhang）的窘境（如图 5－2 所示）。

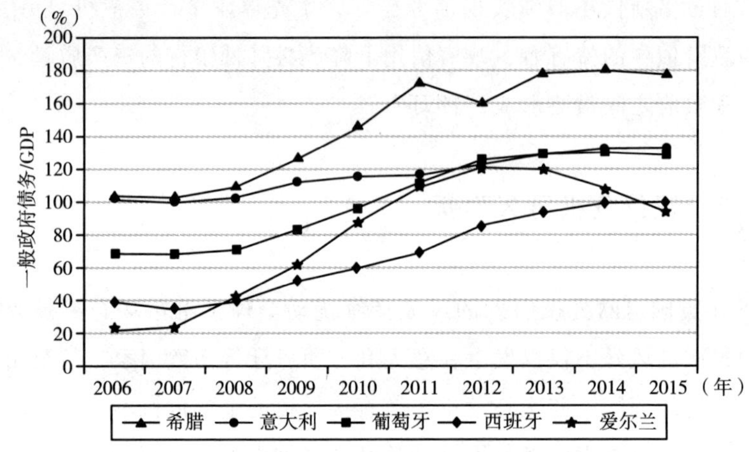

图 5－2　原“欧债危机”国家政府债务仍然高企

5.1.3　银行救助的代价

银行作为经济活动的参与主体，追求利润最大化，同时也是货币流通的重要媒介，在恶劣的宏观环境中单纯依靠市场“看不见的手”着实难以独善其身。私人部门作为金融市场的参与者不可能担当起危机救助的重任，因为当危机发生后，市场参与者出于“趋利避害”理性的判断都会进行自保。然而危机带来的恐慌情绪导致市场失灵，可能产生更严重的公共风险。这种“合成谬误”客观上要求由不以利润最大化为目标的公共部门担当救助的重任。在金融危机的历史上，国家政府和国际金融组织不止一次负责救助，并承担“善后工作”。

21 世纪以前，在人们思想中根深蒂固的认为政府为银行债务提供担保是没有成本的，如 Diamond 和 Dybvig（1983）建立的基础模型中认为政府对银行债务的信用担保足以满足银行债权人的信心，因此这项担保无须兑现，其潜在假设认为政府担保是可靠的，但是这种做法忽略了政府资金的来源问题。政府债务悬额会使债权人对其偿债能力产生怀疑，对其信誉造成巨大伤害，债务水平和信用利差之间的正向影响也愈发显著。从事实情况来看，在引入银行债务担保机制的 2008 年 9 月之前的阶段，由于资产贬值，金融部门信用风险上升，主权信用风险的增加幅度远远小于金融部门（如图 5－3 所示）。2008 年 9 月 26 日至 2008 年 10 月 21 日期间，欧洲各国政府陆续宣布为其大型金融机构提供政府担保，甚至为破产企业提供救助资金（如图 5－4 所示）。在此期间，大多数国家政府担保行为的确减轻了国内银行部门的违约风险。然而对于爱尔兰、西班牙、意大利和葡萄牙等欧元区危机国家，其银行部门的长期资本流失并未因此得到阻止，原因来自于过度干预行为给政府后续融资带来了问题。

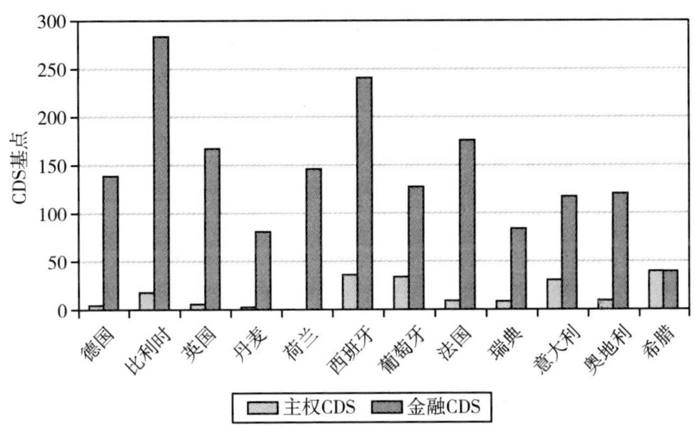

图 5－3　救助前主权 CDS 和金融业 CDS 价差的变化情况

（2006 年 1 月 1 日至 2008 年 9 月 25 日）

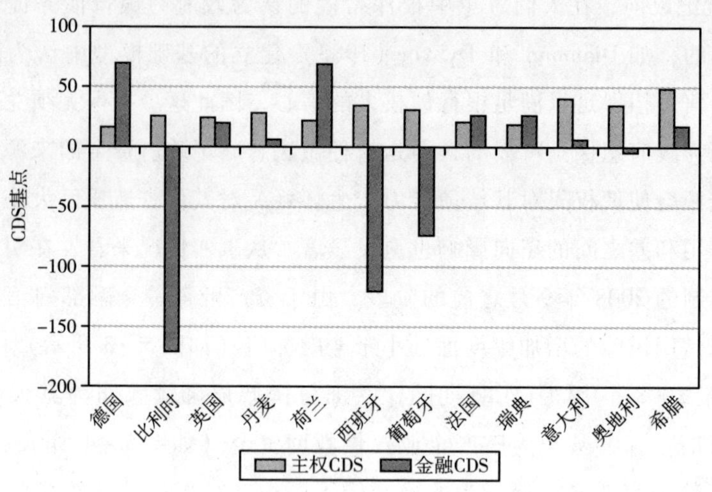

图 5-4 政府宣布担保期间主权 CDS 和金融业 CDS 价差的变化情况

（2008 年 9 月 26 日至 2008 年 10 月 21 日）

另外，金融部门既是政府担保的对象，又是政府的债权人，一旦政府出现信用风险，金融部门持有的政府债务的价值和政府担保对于金融部门的利好同时降低，银行资产（政府债务贬值，抵押品损失）也将受到损害，这种联动效应使得风险在银行和政府之间形成“闭环”。救助行为的出发点是降低整体经济风险，但是缺乏约束的救助行为更容易引发道德风险，扭曲了未来金融部门的激励机制，导致公共风险再次升级。

根据第 3 章构建的政府—企业—银行三部门模型，政府提高税收和稀释现有债券持有人权益将产生一系列后果。银行的不良贷款成为政府的或有债务，公共和利益集团的压力使救助成为政府的政治责任。救助行为避免了金融服务供给中断，然而代价则增加税收降低了非金融部门的投资动机。当救助规模较大时，债务稀释成为更为明智的选择，政府信誉成为牺牲品。实证部分首先采用了固定效应模型衡量救助银行对于政府债务风险的显著影响，进而采用面板向量自回归模型（PVAR），进一步证实了救助后金融部门与主权信用风险的双向反馈机制显著。

5.2　基于“政府—企业—银行”模型的实证分析

5.2.1　新增政府债务规模与风险

银行危机的真正遗产是导致公共债务激增，其增幅远远超过人们普遍关注的巨额直接救助成本（Reinhart 和 Rogoff，2012）。如果把危机后的时间窗口延长，除了对金融部门的直接救助，财政收入的缩减、财政刺激计划的实施都会导致政府债务规模的扩大，因此需要首先对新增政府债务规模与主权信用风险的关系进行论述。为了检验命题 3 新增政府债务规模越多，主权信用风险越大，首先考察金融部门负债率与政府债务规模的关系，从图 5 – 5 中可以看出，对于大多数欧洲国家来说，2008 年金融部门的负债率水平越高，2011 年其国债负担率也越大。在国家担保或救助之后，金融部门的债务风险向政府公共部门转移。众所周知，政府债务在 2008 年之前一直处于可控范围，正是由于金融危机的冲击，为了消化金融部门大量的不良资产，金融风险财政化愈发明显。

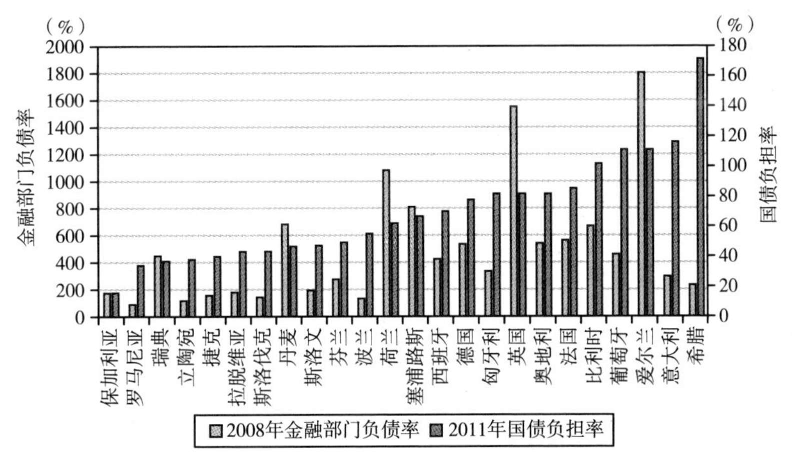

图 5 – 5　金融部门和政府部门的负债情况

结合现实情况，在理论分析的基础上，构建回归模型如下：

$$Risk_{i,t} = \beta_0 + \beta_1 Z_{i,t} + \theta X_{i,t} + u_i + \varepsilon_{i,t} \tag{5-1}$$

其中，被解释变量是主权信用风险，Z 代表新增政府债务规模，X 表示控制变量，下标 i 代表国家，t 代表时间，u_i 为观察不到的个体效应，$\varepsilon_{i,t}$ 为随机扰动项。

在指标选择方面，本节使用主权 CDS 价差作为主权信用风险的衡量指标，主权 CDS 所具有的保险属性和多空双向的交易模式很好地体现了市场中的信用风险。回归变量如表 5－1 所示，新增政府债务使用政府债务的增长率来衡量，采用通货膨胀率、失业率、财政盈余的 GDP 占比、债务收益率作为控制变量。同时，考虑到只有用于救助银行的新增政府债务才是本节想要讨论的重点，根据第 4 章所述，社会福利和老龄化是导致政府债务规模增加的重要因素，因此本节采用两种方法剔除其他因素对政府债务的影响：一是将新增的社会保障支出作为控制变量加入回归模型，二是在新增政府债务指标中直接扣除社会保障支出，并使用养老金支出的 GDP 占比作为稳健性检验。

数据来源方面，本节使用了欧洲 24 国的年度数据，时间窗口为 2003—2013 年，由于需要计算指标的增长率，故实际回归数据为 2004—2013 年。其中主权 CDS 价差来自于彭博数据终端，将月度数据年度化，并取对数。宏观经济数据来自于欧盟统计局，指标经作者整理所得。

表 5－1　　回归变量的描述性统计

变量	计算方法	符号	观测值	均值	标准差	最大值	最小值
主权 CDS 价差（bp）	取对数	CDS5	213	1.71	0.73	3.50	0.25
政府债务增长率（%）	（当年政府债务 GDP 占比/上年政府债务 GDP 占比）－1	ddebt	240	5.27	17.59	122.62	－25.70
通货膨胀率（%）	原始数据	inf	240	2.82	2.20	15.30	－1.70
失业率（%）	原始数据	unem	240	8.97	4.13	27.50	3.40
财政盈余/GDP（%）	原始数据	balance	240	－3.45	4.10	5.10	－32.50
债务收益率（%）	原始数据	yield	238	4.71	2.27	22.50	1.40
养老金支出增长率（%）	（当年养老金支出的 GDP 占比/上年养老金支出的 GDP 占比）－1	dpension	240	1.87	6.55	45.61	－14.04

续表

变量	计算方法	符号	观测值	均值	标准差	最大值	最小值
社保支出增长率（%）	（当年社保支出的 GDP 占比/上年社保支出的 GDP 占比）-1	dsocexp	240	1.48	5.89	38.84	-15.85
扣除社保支出的新增债务（%）	当年政府债务变化－当年社保支出变化	dx	240	2.31	5.94	24.60	-23.70

实证结果如表 5-2 所示，模型（1）—（3）逐个增加控制变量，均显示新增政府债务显著影响主权债务风险，财政盈余系数为负，与主权债务风险负相关，债券收益率越高，主权债务风险越大，失业率和通货膨胀率也正向显著。模型（4）—（5）采用第一种方法，直接加入社会保障支出增长率作为控制变量，结果显示全样本回归中，社保支出增长率的系数和显著性均不固定，可能的原因是时间跨度包含了正常时期和债务危机时期，在不同时期新增政府债务的用途发生改变。为此我们设计了模型（6），将回模型的时间窗口限制在 2011 年欧债危机爆发之前，可以看出在 2004—2011 年，新增政府债务和社会保障支出同样显著。模型（7）—（8）采用第二种方法，将社会保障支出从新增政府债务中剔除，排除了刚性支出对于政府发行债务的影响，回归结果显著。

表 5-2　新增政府债务与主权债务风险回归结果

变量	(1)	(2)	(3)	(4)	(5)	(6)	(7)	(8)
ddebt	0.017*** (4.63)	0.006* (1.96)	0.007** (2.29)	0.020*** (4.63)	0.006* (1.90)	0.014*** (4.77)		
dsocexp				-0.014* (-1.80)	0.006 (0.72)	0.017** (2.65)		
dx							0.067*** (5.45)	0.038*** (3.03)
balance		-0.074** (-2.76)	-0.055** (-2.12)		-0.055** (-2.15)			-0.039 (-1.52)
yield		0.085** (2.27)	0.034 (0.94)		0.031 (0.80)			0.047 (1.21)

续表

变量	(1)	(2)	(3)	(4)	(5)	(6)	(7)	(8)
unem			0.070 ** (2.68)		0.074 ** (2.55)			0.058 ** (2.33)
inf			0.051 * (1.97)		0.054 * (1.94)			0.051 ** (2.22)
观测值	213	211	211	213	211	141	213	211
R^2	0.182	0.323	0.388	0.191	0.390	0.344	0.285	0.419
国家数	24	24	24	24	24	24	24	24

说明：***，** 和 * 分别表示在 1%，5% 和 10% 的显著性水平上显著，括号内为 t 统计量。

稳健性方面，本节使用养老金支出增长率替代社会保障支出增长率进行模型的稳健性检验，表 5 - 3 中可以看出，模型（1）—（2）采用第一种方法同时回归，养老金支出增长率不显著，这与表 5 - 3 中的社保支出表现相符合，而控制了时间窗口后，模型（3）显示，在欧债危机爆发前，养老金支出和新增政府债务增加均显著提高了主权债务风险。

表 5 - 3　　采用养老金支出增长率的稳健性检验

变量	(1)	(2)	(3)
ddebt	0.017 *** (4.42)	0.006 * (1.78)	0.014 *** (4.22)
dpension	0.000 (0.05)	0.005 (0.57)	0.016 *** (3.49)
观测值	213	211	141
R^2	0.182	0.389	0.344
国家数	24	24	24
控制变量	否	是	否

说明：***，** 和 * 分别表示在 1%，5% 和 10% 的显著性水平上显著，括号内为 t 统计量。

综上所述，新增政府债务对于主权债务风险的影响是显著的，命题 3 成立。同时需要指出的是，金融救助并非政府债务规模上升的唯一渠道，养老金缺口产生的隐性债务、老龄化导致的财政收支失衡以及金融机构表外的或有负债对于个别欧洲国家的影响更为重要，如希腊、意大利、葡萄牙等国，长期错配的福利制度逐渐侵蚀了财政工具，金融救助成了“压垮骆驼的最后一根稻草”。

5.2.2　政府与银行之间的风险闭环

由于金融部门持有的政府债券，主权信用与金融部门信用风险联动。同时，欧洲国家出现分化，部分国家主权信用风险再次上升，也有政府通过改革与制度建设，金融风险逐步企稳或下降。因此，进一步需要检验的目标变量是金融部门风险，常见的指标包括银行不良资产和资本充足率等，考虑到不幸的是该指标通常很难获得，而且非常零散，同时银行试图在尽可能长的时间里隐瞒自己的问题，因此公布的不良贷款数据往往不准确。而金融机构的 CDS 价差是衡量金融部门市场风险的重要指标，能够及时反映市场风险，数据上可以与主权 CDS 相对应。

首先，观察主权 CDS 和金融业 CDS 之前的相互影响，提取欧洲最大的 5 个国家（即英国、法国、德国、意大利和西班牙）2008 年 10 月至 2013 年 12 月的月度数据，图 5 - 6 可以看出二者的共同趋势，显示了明显的正相关性。

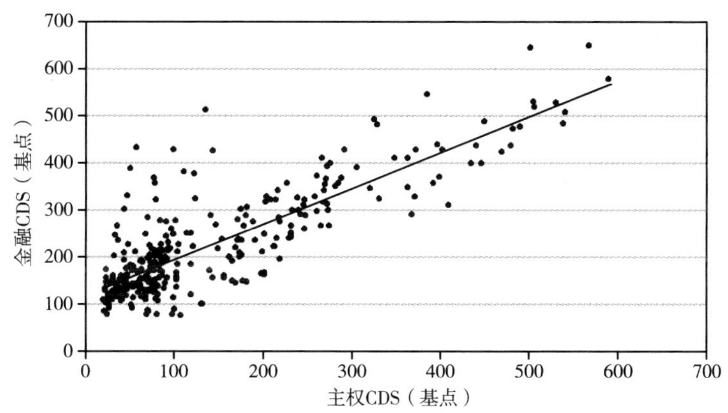

图 5 - 6　救助后欧洲最大 5 国主权 CDS 和银行业 CDS 共同趋势

（2008 年 10 月至 2013 年 12 月月度数据）

表面上看是主权反馈银行，但主权对银行的担保并未消失，通过面板向量自回归（PVAR）可以探究二者的进一步关系，并避免了传统回归出现的内生性问题。PVAR 丰富了 VAR 模型的单一性，能够定量分析面板数据之间的动态关系（王君毅，2012），作者采用三阶滞后的模型如下：

$$Sov_{i,t} = \alpha + \sum_{j=1}^{k} \beta_{11,j} Sov_{i,t-j} + \sum_{j=1}^{k} \beta_{12,j} Fin_{i,t-j} + f_i + \varepsilon_{i,t} \quad (5-2)$$

$$Fin_{i,t} = \alpha + \sum_{j=1}^{k} \beta_{21,j} Sov_{i,t-j} + \sum_{j=1}^{k} \beta_{22,j} Fin_{i,t-j} + f_i + \varepsilon_{i,t} \quad (5-3)$$

其中，$Sov_{i,t}$、$Fin_{i,t}$分别代表主权 CDS 价差和金融部门 CDS 价差，f_i 代表国别之间的差异。

数据方面，宏观年度数据来源于欧盟统计局，市场数据来源于彭博数据终端，根据数据质量，作者提取了欧洲 14 个国家的月度数据，分别是奥地利、丹麦、法国、德国、挪威、瑞典、英国、比利时、荷兰、希腊、爱尔兰、意大利、葡萄牙、西班牙。主权 CDS 选取 5 年期中间价格，金融 CDS 是一国金融机构 CDS 的加权平均值。

变量的描述性统计如表 5-4 所示，总样本取自 2006 年 1 月至 2013 年 12 月，由上文分析将银行救助分为三个阶段，设定 2008 年 9 月之前为第一阶段，以爱尔兰政府宣布为 6 家大银行进行担保为限（同时雷曼兄弟破产），该阶段金融 CDS 增加略高于主权 CDS，二者的平均值维持了较低水平。随后政府对金融机构纷纷展开担保与救助，设定 2008 年 10 月至 2009 年 9 月为第二阶段，该阶段主权 CDS 的平均值上升了 80 基点，而金融 CDS 大幅增加上升了 180 基点。第三阶段的划分依据存在争议，金融 CDS 与主权 CDS 都大幅增加，我们分为两种情况：一是 2009 年 10 月起，欧洲主权债务危机率先在希腊爆发，主权与银行信用风险进入恶性循环状态，该阶段主权 CDS 的平均值上升了 100 基点，金融 CDS 上升了 80 基点；二是从 2011 年 11 月算起，由于西班牙财政部此时发行的新一轮十年期国债收益率超过 7% 的警戒线，标志着欧洲的债务危机正在威胁全部欧洲主权国家的信贷情况，该阶段主权 CDS 的平均值变化不大，金融 CDS 进一步上升，作者推断金融 CDS 上升的部分原因来自于主权信用风险上升导致的金融资产贬值所致。另外，从分位数表现可以看出，在政府担保和救助银行之后，主权 CDS 和金融 CDS 的所有分位数均有所上升，但是不同分位数的上升幅度却有所差别，尤其是 75% 分位数的上升幅度最大，说明国家之间出现分化。为了检验这种分化和影响，下文将 14 国进一步分解为 5 个南欧国家，包括希腊、爱尔兰、意大利、葡萄牙和西班牙，以及剩余的 9 个核心欧洲国家。

表 5－4　　PVAR 变量的描述性统计（欧洲 14 国的月度数据）

指标	观测值	平均值	标准差	最小值	最大值	25%分位数	50%分位数	75%分位数
总体样本（2006.1—2013.12）								
主权 CDS（bp）	1135	134.65	251.30	1.63	3315.05	20.94	52.98	132.44
金融 CDS（bp）	1302	206.27	281.95	4.68	2226.00·	62.89	134.99	225.28
金融危机前（2006.1—2008.9）								
主权 CDS（bp）	285	10.24	11.69	1.63	59.82	2.78	5.94	11.22
金融 CDS（bp）	427	42.81	47.51	4.68	266.00	10.31	17.14	62.75
政府担保与救助银行（2008.10—2009.9）								
主权 CDS（bp）	161	91.54	57.88	20.66	320.40	49.09	76.24	118.56
金融 CDS（bp）	165	223.67	123.58	79.29	728.75	140.14	180.51	267.39
希腊主权债务危机爆发（2009.10—2013.12）								
主权 CDS（bp）	689	196.18	304.33	12.96	3315.05	41.65	79.96	218.24
金融 CDS（bp）	710	300.54	340.48	59.46	2226.00	124.52	169.80	311.90
欧洲主权债务危机全面爆发（2011.11—2013.12）								
主权 CDS（bp）	353	194.78	275.84	12.96	3060.44	41.43	87.13	250.46
金融 CDS（bp）	374	350.53	390.30	64.07	2226.00	141.36	218.06	355.81

在进行面板向量自回归之前，出于平稳性的考量，需要对原始数据进行处理，生成对数差分序列。本节重点考察的是政府担保和救助之后，主权部门与金融部门之间的风险闭环，因此，使用 2008 年 10 月之后的 CDS 数据。为了刻画欧洲国家之间的分化情况，按照南欧 5 国和核心 9 国划分子样本进一步研究。回归结果如表 5－5 所示，结果显示 2008 年 10 月以后，欧洲国家主权 CDS 价差与金融稳定的逆向循环过程。对于样本中的所有国家，主权 CDS 增加导致未来 3 个月内的金融部门风险显著增加，具体而言，主权 CDS 增加 1% 将导致 1 个月后金融部门 CDS 增加 0.38%，3 个月后金融部门 CDS 增加 0.13%。而金融部门对主权信用风险的影响更加不确定，短期内虽有好转，但宏观环境的恶化制约着实体经济复苏。具体看来，金融部门 CDS 增加 1% 将导致 2 个月后主权 CDS 增加 0.17%，但 1 个月内的短期影响倾向于降低主权 CDS。从子样本分化结果来看，南欧 5 国受到金融救助的短期影响较大，2 个月影响并不显著，中长期内受到福利制度错配的影响更大。而核心欧洲国家 3

个月内的影响更为显著，其原因来自于欧洲政府和金融机构债务互持。

表 5-5　　PVAR 实证结果

被解释变量	解释变量	全样本	南欧 5 国	核心欧洲
Sov	L. Fin	-0.2617 *** (-3.98)	-0.2827 *** (-3.01)	-0.2541 ** (-2.80)
	L2. Fin	0.1753 ** (2.77)	0.0463 (0.62)	0.2674 ** (2.95)
	L3. Fin	-0.0450 (-0.85)	0.0488 (0.73)	-0.1464 (-1.87)
Fin	L. Sov	0.3792 *** (9.16)	0.5377 *** (6.22)	0.3187 *** (7.45)
	L2. Sov	-0.0592 (-1.55)	0.1000 (1.12)	-0.0966 ** (-2.41)
	L3. Sov	0.1253 *** (3.53)	0.1941 ** (2.54)	0.1143 ** (2.73)

说明：***，** 和 * 分标表示在 1%，5% 和 10% 的显著性水平上显著，括号内为 t 统计量。

下面展示了主权 CDS 与金融 CDS 之间的脉冲响应图，其中图 5-7 为所有 14 国家的全体样本，图 5-8 为南欧 5 国，图 5-9 为核心欧洲 9 国，结果同样显示在 2 个月后，南欧国家受到的冲击低于核心国家。

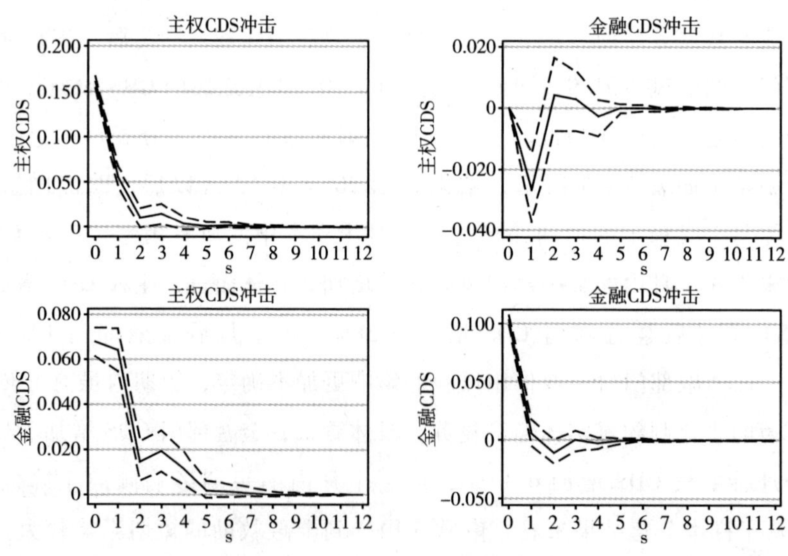

图 5-7　全样本脉冲响应图

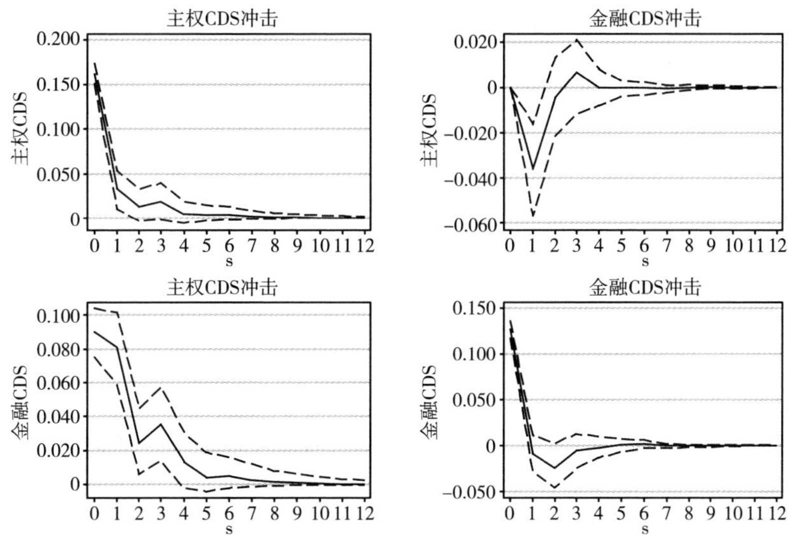

图 5-8 南欧 5 国脉冲响应图

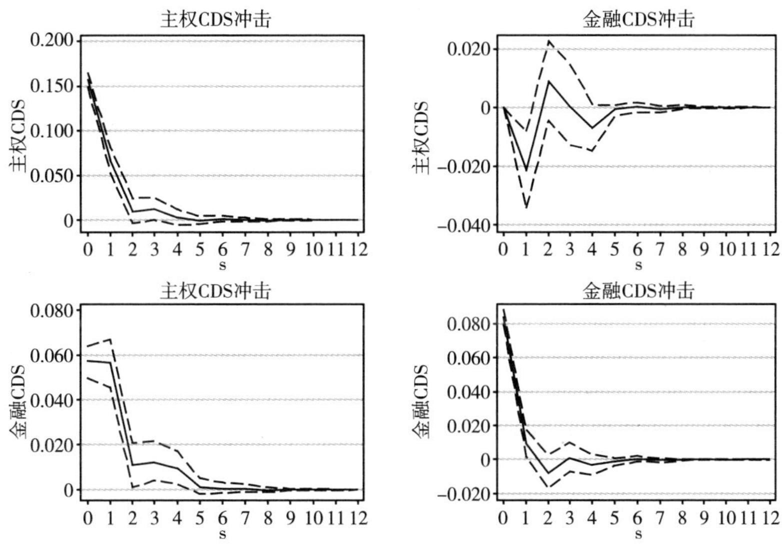

图 5-9 核心欧洲 9 国脉冲响应图

考虑到一国的股票指数通常可以反映其当前的金融风险，因此本节利用各国股指的历史波动率（Sto）作为稳健性检验。数据同样来自于彭博数据终端，受限于奥地利、挪威和比利时三国数据缺失，在稳健性部分检验的国家为丹麦、法国、德国、瑞典、英国、荷兰、希腊、爱尔兰、意大利、葡萄牙、西班牙共 11 国。通过平稳性处理，向量自回归结果如表 5－6 所示，主权信用风险和股票市场风险同样具有相互影响。

表 5－6　　　　稳健性检验结果

被解释变量	解释变量	全样本	南欧 5 国	核心欧洲
Sov	L. Sto	－0.1015 （－0.30）	0.3640 （0.67）	－0.3890 （－1.01）
	L2. Sto	－0.0823 （－0.24）	－0.5528 （－1.02）	0.3301 （0.76）
	L3. Sto	－0.7783** （－2.75）	－1.2081** （－2.94）	－0.7175 （－1.93）
Sto	L. Sov	0.0138** （2.75）	0.0058 （0.92）	0.0187** （2.46）
	L2. Sov	0.0053 （0.86）	0.0061 （0.74）	0.0034 （0.35）
	L3. Sov	－0.0033 （－0.89）	0.0034 （0.60）	－0.0056 （－1.01）

说明：***，** 和 * 分标表示在 1%，5% 和 10% 的显著性水平上显著，括号内为 t 统计量。

下面展示了主权 CDS 与股票指数历史波动率之间的脉冲响应图，其中图 5－10 为所有 11 国家的全体样本，图 5－11 为南欧 5 国，图 5－12 为核心欧洲 6 国。

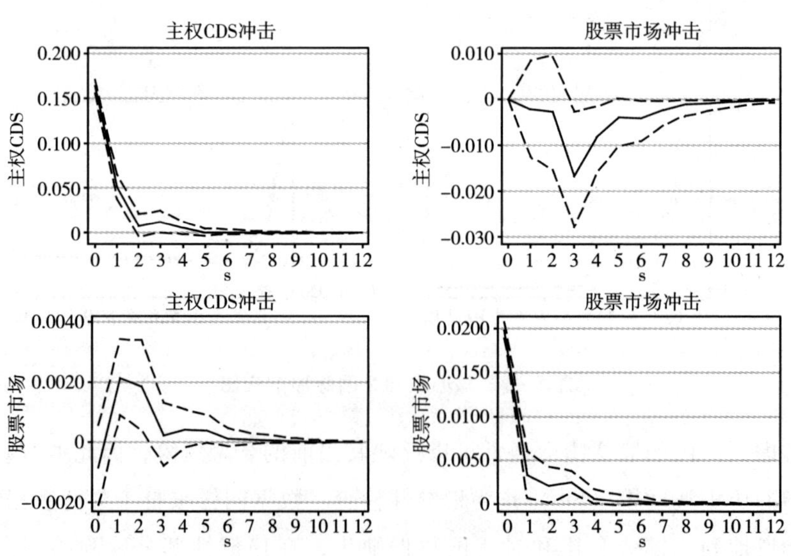

图 5－10　全样本脉冲响应图

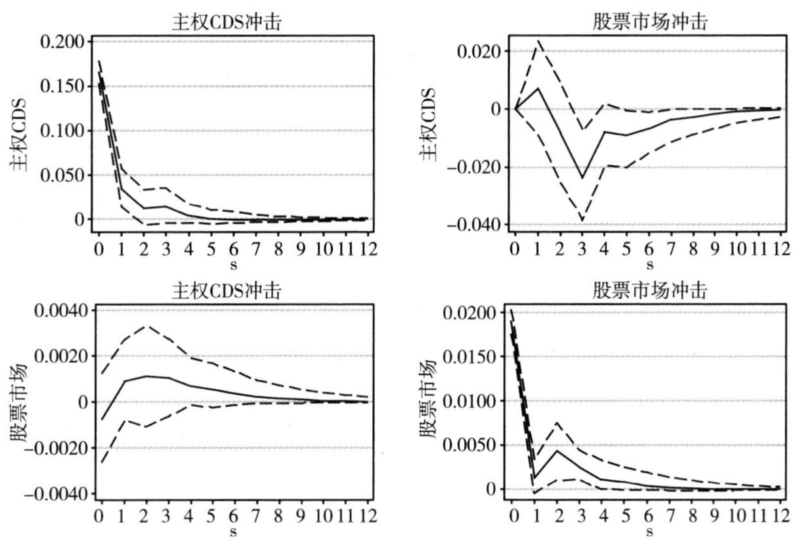

图 5－11　南欧 5 国脉冲响应图

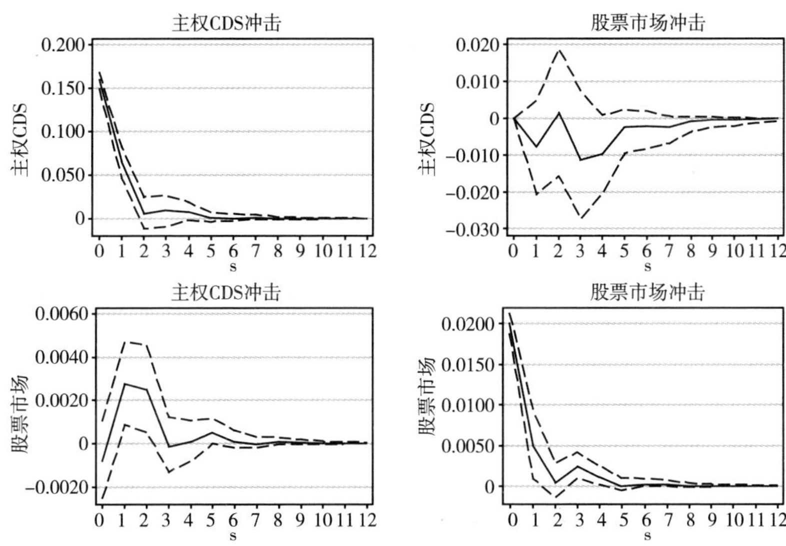

图 5－12　核心欧洲 6 国脉冲响应图

由此可见，本节利用 2008 年 10 月之后的数据验证命题 4 成立，在金融救助后，主权信用风险与金融风险存在一种相互影响，且短期内风险形成“闭环”，难以释放。

5.3 研究结论与小结

本章解释了金融救助和主权信用风险之间的联系。理论模型刻画了政府面临的利弊权衡：从全局博弈法（Global - Game Approach）来看，政府担保降低了银行债权人行为的策略不确定性，其代价是提高了政府债权人行为的不确定性，救助银行有助于解决金融部门的投资不足问题，但是未来税收将会相应增加，导致非金融部门的投资动机减弱。由于救助资金源于发行政府债券，增发的政府债券稀释了现有债券持有者的权益，进而增加主权信用风险；而金融机构是政府债券的持有者和被担保者，政府债券的价值变化势必对其权益造成影响，主权信用风险与金融部门信用风险之间形成了双向反馈循环机制。由于金融救助的资金来自于政府债务，经验研究显示新增政府债务越多，主权信用风险越大。使用银行和主权 CDS 数据，作者发现在银行救助发生后，主权 CDS 的变化对于银行 CDS 的变化存在显著影响。本章的结果意味着银行救助是欧元区国家主权信用风险的导火索，主权信用风险反过来削弱金融部门信用，证实了双向反馈循环机制。

尽管为了换取金融部门短期稳定，政府代价沉重，但并不能因此否定政府救助的功效。长期来看，银行救助更像是政府的一种秃鹫投资，随着经济复苏，政府一方面维护了经济发展，一方面获得投资收益。因此，需要谴责的金融机构的高风险投资经营，而不是谴责救助行动。对于金融机构的救助行为我国政府早已有之，当年成立的四大资产管理公司已经成功转型。然而，当前我国同样面临新的问题，如地方债务融资平台的政府担保、养老金“空账”、影子银行的救助等等。正如“一张保单没有收到索赔要求，不意味着它可以免费提供”，如何解决这些棘手的问题值得进一步深思。

第6章　我国政府或有债务风险

对于我国来说，人口老龄化引发的社会保障资金缺口问题尚未爆发，国有银行的组织形式让政府对金融支持更为便利。学术意义上的政府或有债务在我国仍处于潜伏期，但政策口径下的地方政府隐性债务作为我国已经确定的政府或有债务，探讨其形成机制对于债务风险化解具有重要意义。

6.1　我国政府或有债务问题的特殊性

从中国国家资产负债表来看，2014 年国家资产总计 227.3 万亿元，国家负债 124.1 万亿元，资产净值为 103.2 万亿元，如表 6－1 所示。如果考虑行政事业单位国有资产变现能力有限以及国土资源性资产使用权无法全部转让的情况，国家资产调低到 152.5 万亿元，资产净额依然为正。这说明无论是宽口径还是窄口径，我国政府的资产负债率还是比较健康的，基本不可能出现主权债务危机，但结构上仍存在局部政府债务风险。从未来现金流的角度考虑，养老金隐性债务、处置银行不良资产形成的或有负债以及银行现有不良资产虽然目前不足 10 万亿元，但随着人口老龄化趋势不断明显，该部分债务或出现大规模增长。同时，银行作为金融中介也承担着相应的风险，贷款资产质量由借款人的未来现金流情况决定。此外，中国式的政府或有债务还体现在非金融企业杠杆率过高以及地方融资平台的杠杆率偏高。下面将对上述几个方面具体分析。

表 6－1　　中国政府资产负债简表　　（单位：万亿元）

资产	2013 年	2014 年	负债	2013 年	2014 年
政府在中央银行的存款	2.9	3.1	中央财政国内债务	8.6	9.5
			主权外债	3.2	3.4
国土资源性资产	62	65.4	非融资平台公司的地方政府债务（直接债务）	8.6	10.6
行政事业单位的国有资产	11.8	13.4	地方政府融资平台债务（或有政府债务）	15.5	16.6
非金融类企业的国有资产	96.4	116.2	非金融类国有企业债务	51.6	65.4
金融行业的国有总资产	20.3	27.7	政策性银行金融债	8.9	10
			银行不良资产	0.6	0.8
			处置银行不良资产形成的或有负债	4.2	4.2
全国社保基金国有资产	1.2	1.5	养老金隐性债务	3.6	3.6
资产合计	194.6	227.3	负债合计	104.8	124.1
			政府净值	89.8	103.2

资料来源：《中国国家资产负债表 2015》，李扬等，中国社会科学院，第 29 页。

一是我国的社会保障资金缺口问题。长期以来中国一直借助于“人口红利”来取得经济的巨大发展，随着老龄化问题的突出，政府所承担的保障性支出越来越多。这里面有部分原因属于历史遗留问题，在计划经济时代，国有企业的积累上交国家，政府需要为国有企业职工提供医疗、养老等保障。在养老体制改革开始后，养老金体系由社会统筹与个人账户相结合，采取现收现付制，对于没有个人账户的退休职工来说，需要透支在职职工的个人账户，并由此产生了养老金缺口。伴随着人口老龄化速度的提高，大幅增加的养老金支出可能倒逼政府债务增加，从而造成财政压力。李扬等（2013）设定了两种情况：一种情况是假定养老保险替代率逐步下降；另一种情况是假定未来养老保险替代率维持当前水平，即 44.69%。其测算结果如下：当养老保险替代率逐步下降时，城镇职工养老保险在 2023 年出现收支缺口，到 2050 年累计缺口将达到 849 万亿元，占当年 GDP 的 95%；而维持当前的养老保险替代率，2050

年养老保险累计资金缺口将高达 1378 万亿元，占 GDP 的 155%。与之相比，城乡居民养老金由基础养老金和个人账户养老金构成。其中，基础养老金完全由政府财政发放而无须个人缴费，个人账户养老金来自居民个人账户养老金的积累，理论上不存在现收现付制导致的资金缺口问题，由于农村保障水平低，居民养老保险的资金压力比职工养老保险要小很多。若城镇职工和城乡居民养老保险的收支项目合并，到 2050 年，近一半的政府财政收入都将用于补贴居民的养老保险，届时社会的养老压力甚至要超过债务未击中的欧洲各国。

二是由于我国政府参股或控股关键性企业，政府可能承担的责任包括商业银行的不良资产、影子银行信贷、房地产金融风险等。尤其是房地产市场一端联系着银行信贷资金、另一端联系着政府的土地出让金，是银行信贷和政府偿债能力的连接点（刘宁悦，2016)。2008 年面对金融危机，我国政府执行扩张性财政政策，通过投资来拉动经济，在此背景下，全国各地“影子银行”信贷风险上升。金融部门作为国家命脉，天然的具有政府背景，早在 20 世纪末，我国先后成立了华融、信达、东方、长城四家资产管理公司，用于处理银行的不良资产。在现有的金融框架下，注入财政资金、发行专项债券或提供银行存款保险，必然增加政府自身的财政压力。正如欧洲政府与金融机构存在信用风险闭环，我国政府面临的“金融风险财政化”和“财政风险金融化”（秦海林，2012)，即在出现金融风险时，政府通过财政手段，将风险转移到政府；而在出现财政缺口时，将政府风险通过货币化等手段，在市场上充分释放。随着我国经济增速放缓，国内房地产上涨行情趋于正常化，资本账户的进一步开放，金融业将受到越来越大的国内外挑战，政府如何降低自身的担保成本，建立风险隔离机制，是当前面临的重大课题。

三是国有企业坏账和地方政府融资平台债务化解任重道远。由于计划经济时期的遗留问题，部分国有企业的亏损问题一直没有得到妥善解决，企业债务偿还只能依靠政府担保借新还旧。经济体制改革后，国家将不再全额承担企业债务，国有企业作为独立法人，虽然部分投资行为受到政府的影响。然而，考虑到政策性亏损和经营性亏损目前尚没有明确的区分措施，同时对于国计民生的重要行业，政府依然是国有企业的最大股东，无论是国有资产管理委员会控股的中央企业，还是地方政府控股的国有企业，政府都将按其出资比例承担企业清偿债务的责任。在改革和重组的过程中，也容易形成新的政府或有债务。

作为特殊的国有企业，地方政府融资平台债务问题是近年来政府最大的债务隐患。从地方政府融资平台公司的融资形式来看，主要分为银行贷款、发行城市建设投资公司债券和基建信托等类影子银行渠道（李扬等，2015）。在某种程度上看，我国中央和地方的关系类似于欧洲央行与欧元区国家，在同一个货币政策的指导下，地方政府为了拉动自身经济发展，成立融资平台，打破了地方政府不能举债的法律约束。然而，从地方政府财政报告来看，情况并不乐观，负债率普遍较高。中央财政对地方政府债务负有无限连带责任，担负着财政兜底、最后还款人的角色。2013 年的审计结果显示，中央政府负有担保责任和实际偿付的地方政府债务比例为 9.95% ~19.13% 和 4.83% ~14.64%。与发达国家不同的是，我国政府负担的债务更加广泛，存在更为严峻的客观事实：一是面对债务集中到期可能引致的现金流风险，二是对土地出让收入的依赖程度较高，而土地出让收入容易受到房地产市场的中长期结构性变化因素影响，三是包含政府担保和救助责任在内的或有债务风险敞口较大。

如图 6-1 所示，从结构上看我国广义政府债务率 109.5%，已超过 60% 的警戒线。地方融资平台债务实际依托的是政府信用，如果把平台债务归入政府债务考量，可以看出我国广义政府债务负担实际已经超过国际上政府债务率 100% 的警戒线（美国 102%、德国 79%、巴西 74%）。近年来，持续金融系统持续加杠杆以及资金“脱实就虚”加剧，我国信用风险不断暴露，违约多点多元爆发，地方国企及央企纷纷加入违约行业；银行不良贷款比例持续攀升。国有企业的总资产贡献率明显低于私营企业，而信贷资源却大多投向国有企业，导致国有企业的债务风险累积。

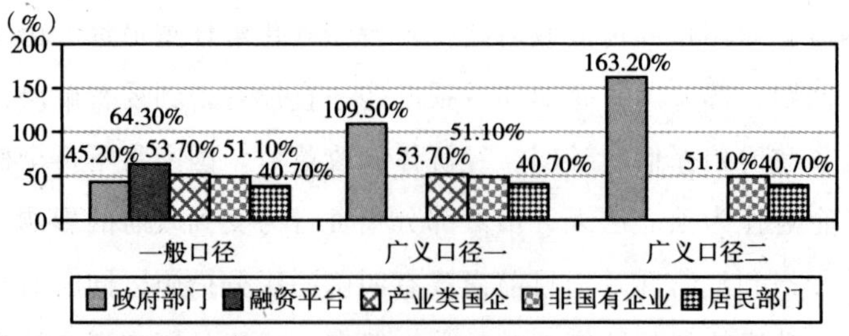

图 6-1 我国 2015 年债务结构分布

6.2 我国监管口径下地方隐性债务的确定性

我国中央政府在特定时期为应对宏观经济变化和风险防控需要，以“违法违规举债和变相举债”口径界定了我国地方政府隐性债务。具体指的是，违反了新预算法和相关 43 号文等系列规定，超越了我国预算法规定的地方政府债务权利范围，但这样的界定实际上说明了这些债务与地方政府道义责任的关系，即属于地方政府的隐性债。这种界定符合和满足学术上或有债务的全部特征，即不确定性、道德风险、公共产品和从属性。2008 年金融危机后，地方政府通过融资平台或其他方式大规模扩张债务，形成了对我国宏观经济稳定的潜在威胁，已成为我国潜在的重大金融系统性风险，从“违法违规举债或者变相举债”界定地方政府隐性债务有助于后续债务治理工作的开展，也是防控和化解风险的需要。因此，地方政府隐性债务作为已经确定的政府或有债务，是我国在特定时期（新预算法实施初期，以基础设施投资拉动地方经济快速增长时期，以及我国影子银行体系膨胀时期）对地方债务风险控制的阶段性监管政策需要，体现了对地方政府债务风险防控在不同阶段监管政策的不同要求。

无论监管界定还是学术界定，地方政府隐性债务都是我国地方政府以非地方政府债券方式通过其他各种主体机构获得的直接或间接的外部资金支持。根据审计署对我国地方政府隐性债务举债主体的统计结果显示，截至 2013 年 6 月，政府可能承担一定救助责任的债务合计 43393.72 亿元，其中融资平台公司 20116.37 亿元，占比 46%，国有独资或控股企业（简称国有企业）14039.26 亿元，占比 32%，二者占比接近 80%。鉴于数据可得性，以及我们对包括融资平台在内的地方国企的功能定位认识，作者研究聚焦于地方政府隐性债务来源的两种形式：一是融资平台国有企业对政府隐性债务带来的压力。按照 2015 年至 2018 年 10 月中央政府从监管政策角度将融资平台公司为地方政府融资的行为定性为“违规违法举债和变相举债”，可将其界定为地方政府隐性直接债务。由于 2018 年 10 月后监管政策的变化，融资平台债务的或有性质增强，作者将其归之于隐性或有债务。二是与地方政府存在特殊联系的一般国有企业债务形成的地方政府隐性或有债务。

6.3 我国地方隐性债务的形成机制

6.3.1 经济分权是形成我国地方隐性债务的制度背景

我国高速经济增长持续几十年是一个受世人关注的经济谜题，其中一个有共识的观点是我国以中央和地方财政分权为主要内容的经济分权体制。学者们认为驱动我国经济增长的制度是向地方分权（Regional Decen - Tralization）的制度（许成钢，2019），中国特色分权体制赋予了地方政府一定的收入自主权和支出责任范围，地方政府在辖区经济发展中发挥主导作用（Qian and Weingast，1997；席鹏辉等，2017；詹新宇、刘文彬，2020），同时中央政府维持了对地方政府官员奖惩的能力，形成了地方政府的“晋升锦标赛”竞争（Blanchard and Shleifer，2001）。在以经济发展为主要目标的“晋升锦标赛”背景下，地方政府官员的晋升动力使地方政府利用其可掌握的资源，实现对辖区经济增长的促进（Li et al.，2019；徐现祥、刘毓芸，2017）。财政分权体制从1985年演变至今，形成了中央掌握财权与地方掌握事权的高度分权体制。

我国的财政分权也促成了金融分权的逐步发展。在财政分权制度下，地方政府掌握的资源规模是影响其对当地经济增长干预和调控能力的重要因素，由此形成了地方政府扩大辖区可利用资源的动力，出现金融隐性分权现状（何德旭、苗文龙，2016）。目前，虽然我国金融在审批、监管、救助等方面具有显著的集权特征，但是在实际经营中具有显著的分权特征，一方面表现为地方政府协助、纵容、默许本辖区企业逃废银行贷款等争夺金融资源（巴曙松等，2005）；另一方面表现为地方政府积极成立、控股或参股城市商业银行，利用城市商业银行提高地方政府的融资能力（张杰，2006；何德旭、苗文龙，2016）。金融隐性分权增加了地方政府掌握的经济资源，为地方政府促进当地经济发展提供了便利，也为地方政府隐性债务的扩张提供了便利。

在特色财政分权体制下，地方政府在辖区经济发展中发挥着主导作用，具有利用政策手段支配国企以实现政府政策目标的动力（詹新宇、刘文彬，2020），地方国有企业是地方政府事权的执行者，是地方政府投入资源的承载主体。不论是融资平台企业还是一般地方国有企业，发挥政策工具作用均需要获得外部资金支持，隐性金融分权为地方国有企业获得外部资金提供了便利，即为地方政府隐性债务扩张提供了便利。在财政分权和金融隐性分权的双重影响下，我国源于地方国有企业的地方政府隐性债务规模大幅扩张，并在此过程中积累了大量风险。

6.3.2　国企功能和国企信仰是我国地方隐性债务形成机制的关键变量

财政分权和金融隐性分权是我国地方政府隐性债务形成的特殊制度背景，地方国有企业是分权体制下地方政府可支配资源的承载主体。无论一般地方国企还是特殊历史背景下产生的融资平台类国企，其形成地方政府隐性债务都源于以下相互关联的三个命题：我国国有企业稳定宏观经济的工具属性，国企工具属性形成的融资优势和预算软约束问题导致的企业债务扩张，以及国企效率高低决定的偿债能力。

历史上历次金融危机都会伴随着国有企业的增加，国有企业帮助实现特定政策目标的功能在2008年金融危机后重新引起了各国的注意（Florio，2013，2014a，2014b；Bernier，2014；Beuselinck et al.，2017；Boubakri et al.，2018），基于此，许多学者研究了国有企业稳定宏观经济的作用（刘元春，2001；张宇，2009；Putnins，2015；詹新宇、方福前，2012；郭婧、马光荣，2019）。在我国特色的经济分权制度背景下，地方政府对当地经济发展的责任以债务周期充分体现在宏观经济周期过程中，而国企尤其是融资平台地方国企又是这个债务周期的资金资源承载主体，地方政府有充分利用国企的工具属性为地方经济发展服务的动机和具体行为。地方政府隐性负债既是地方政府干预市场的经济手段，也是政府维护和干预市场行为造成的结果（刘尚希等，2003）。

国企与政府的关系及其国有企业的政策工具属性形成了国企信仰，即地方政府通过多种方式帮助维持地方国有企业资金周转，降低企业违约概率的行为，典型体现即为近年来的“城投信仰”。国企信仰形成了地方政府救助企业的可能，企业盲目扩张债务的成本可能由地方政府承担，产生了企业“道德风险”，强化了地方国有企业的债务扩张动机（林毅夫等，2003）。同时，国企信仰也使金融机构形成了相似的救助预期，提高了金融机构为企业提供资金的安全性，形成了对地方国有企业贷款的偏好，国企具有融资优势（Acharya et al.，2014；Borisova et al.，2015），为其债务扩张提供了便利。此外，金融隐性分权提高了地方政府政策对当地金融资源配置的影响，在地方政府政策导向影响下，金融隐性分权为地方国有企业债务扩张行为提供了更大便利和空间。图6-2左侧坐标轴为企业负债总额，图中显示国有企业负债总额远大于私营企业，并且二者负债规模差距存在扩大趋势，为国有企业债务扩张提供了证据。

中国特色分权体制不仅为企业债务规模扩张提供了便利，也是影响企业效率的重要因素。地方国企国家所有的产权性质使地方政府成为企业的实际控制人，可以对企业的投资和生产经营行为产生显著影响。在特色财政分权体制下，地方政府为了辖区经济增长的政策目标而干预企业行为，使地方国有企业无法按照利润最大化原则进行企业的投资和生产经营，造成了企业的效率损失（林毅夫、李志赟，2004）。在此背景下，地方国有企业获得的外部资金越多，国有企业的效率损失越多，金融隐性分权提高了地方国有企业获得资金的能力，加剧了企业的效率损失。图6-2右侧坐标轴表示企业营业利润额，图中

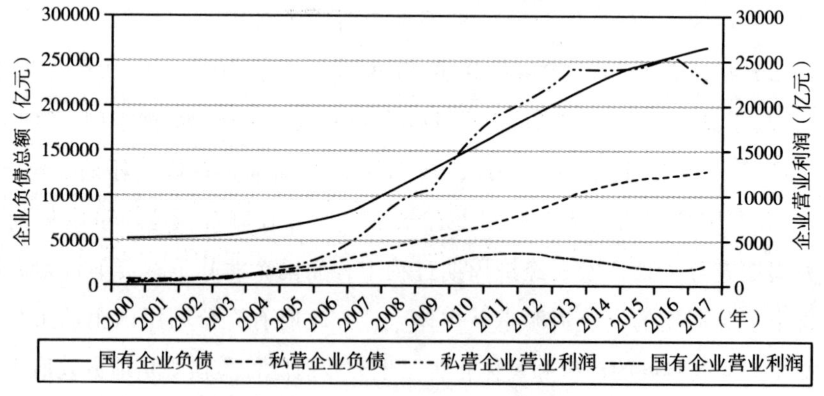

图6-2 企业负债和营业利润

资料来源：Wind数据库，作者计算。

显示国有企业营业利润小于私营企业营业利润，国有企业负债规模较高但是营业利润低，面临的偿债压力较大。

一般地方国企和融资平台特殊地方国企形成的地方政府隐性债务都源于中国特色的财政分权和金融分权体制背景下的上述三个相互联系的命题，但是由于融资平台和一般地方国有企业设立目标、主营业务等特征的不同，二者形成地方政府隐性债务的具体机制存在差异。一是发挥政策工具属性的方式不同。融资平台通过基础设施建设投资、提供其他公共产品和服务等方式维持经济稳定，一般地方国有企业通过其主营业务活动和逆周期投资配合地方政府政策，促进经济增长，维持经济稳定（郭婧、马光荣，2019）。二是企业债务扩张动机不同。融资平台的主要经营业务为城市基础设施建设投资，如公路、环境整治、园区开发等，所需的资金规模较大，企业债务规模扩张。一般地方国有企业在主营业务外承担额外政策性负担需要更多资金支持（林毅夫、李志赟，2004），形成一般地方国有企业的债务扩张动机。三是企业低效率的形成原因不同。融资平台主营业务大多与民生密切相关[①]，投资收益较低，表现为企业的低效率。一般地方国有企业低效率的主要原因在于较长的委托代理链条[②]和企业管理者的双重身份，委托代理链条增加了企业所有者对管理者的监管难度，甚至造成所有者缺失问题（刘瑞明，2013；孔东民等，2014）；企业管理者的双重身份使企业决策优先以政府官员的考核标准为依据，偏离了利润最大化原则（张屹山、王广亮，2001），造成企业效率损失，表现为企业低效率。

虽然融资平台类国企和一般地方国有企业形成的地方政府隐性债务的机制有所差异，但地方国有企业作为地方政府隐性债务的来源都由我国特色的财政和金融分权体系所决定。财政分权和金融隐性分权是我国中央政府和地方政府就财权和事权长期博弈的结果，该分权特征会保持较长一段时间，由此形成的地方政府隐性债务问题也无法在短期内完全消除，因此维持地方政府隐性债务对经济增长的积极作用和防控债务风险的平衡是我们面临的长期挑战，也是经济高质量发展的应有之义。

---

① 根据 Wind 统计，2010—2020 年发行的 4751 支用于项目建设的城投债中，投资于公益类项目的城投债数量为 2633 支，占比 55.42%，投资于收益较低项目的城投债数量为 1372 支，占比 28.88%。

② 人民为所有者，地方政府代表人民雇佣专业人员管理企业。

第7章 疫情背景下我国地方隐性债务展望

当前地方隐性债务已经进入化解攻坚期，如何科学管理地方隐性债务化解方式和处置节奏，熨平“化债、抗疫”双重压力下产生的经济社会波动，不仅是政府部门科学决策的迫切需要，也是解决我国财政金融领域风险隐患的关键。但2020年新冠肺炎疫情暴发再次对我国经济造成严重冲击，为了防止短期经济冲击演化为长期经济损伤，政府出台了多项政策优惠，在杜绝新增隐性债务的前提下，加大了地方政府债券规模，2020年新增地方政府债券4.5万亿元、地方政府债务余额25.6万亿元。如若隐性债务化解方式缺乏预见性、精准性和动态性，容易造成“风险处置的风险”，导致融资平台流动性紧张、政府投资断崖式下滑，进而加剧经济下行压力。

7.1 疫情冲击下地方隐性债务化解形势严峻

目前地方隐性债务化解的基调没有变。2020年的政府工作报告提出，加强金融等领域重大风险防控，坚决守住不发生系统性风险底线。在当前复杂形势下，不能因为应对疫情就不重视债务风险，不能因为财政困难就违规举债制造新的风险。在国内疫情得到有效控制的前提下，地方经济财政运行情况缓步回升，但隐性债务化解财政压力依然严峻。

7.1.1 地方经济逐步恢复，部分地区出现分化

如表 7－1 所示，按照疫情对经济冲击由高到低排列，2020 年第一季度湖北经济增速下降接近 40%，其他省份也受到不同程度的冲击。第二季度区域有所分化，半数省份经济累计同比增速由负转正，湖北、辽宁、广东、河南、上海、北京、吉林、内蒙古等地区累计同比增速虽仍为负值，但在较好控制疫情发展的背景下，抗疫形势已有所缓和。第三季度绝大部分省份经济转好，仅有四个省份仍处于负增长，从趋势上看全年 GDP 累计同比均有望在第四季度翻正。

表 7－1 部分省份经济增速变化情况 单位：%

省份	2019-12	2020-03	2020-06	2020-09	变化趋势
湖北	7.50	-39.18	-19.30	-10.40	
辽宁	5.50	-7.70	-3.90	-1.10	
广东	6.20	-6.70	-2.50	0.70	
河南	7.00	-6.70	-0.30	0.50	
上海	6.00	-6.70	-2.60	-0.30	
北京	6.10	-6.60	-3.20	0.10	
吉林	3.00	-6.60	-0.40	1.50	
安徽	7.50	-6.50	0.70	2.50	
内蒙古	5.20	-5.80	-3.80	-1.90	
山东	5.50	-5.80	-0.20	1.90	
浙江	6.80	-5.60	0.50	2.30	
江苏	6.10	-5.00	0.90	2.50	
山西	6.20	-4.60	-1.40	1.30	
海南	5.80	-4.50	-2.60	1.10	
云南	8.10	-4.30	0.50	2.70	
江西	8.00	-3.80	0.90	2.50	
甘肃	6.20	-3.40	1.50	2.80	
四川	7.50	-3.00	0.56	2.40	
宁夏	6.50	-2.80	1.30	2.60	
贵州	8.30	-1.90	1.50	3.16	
湖南	7.60	-1.90	1.30	2.60	
新疆	6.20	-0.20	3.30	2.20	
西藏	8.10	1.00	5.10	6.30	

资料来源：Wind、国家统计局。

7.1.2 财政收入同比下降，且中央低于地方

从公共财政收入情况来看，2020 年第一季度公共财政收入下滑幅度已超过 10%，其中中央财政收入降幅高于地方本级财政收入，第三季度至今降幅逐渐收窄，尤其地方本级财政收入已经接近 2019 年同期水平，如图 7－1 所示。

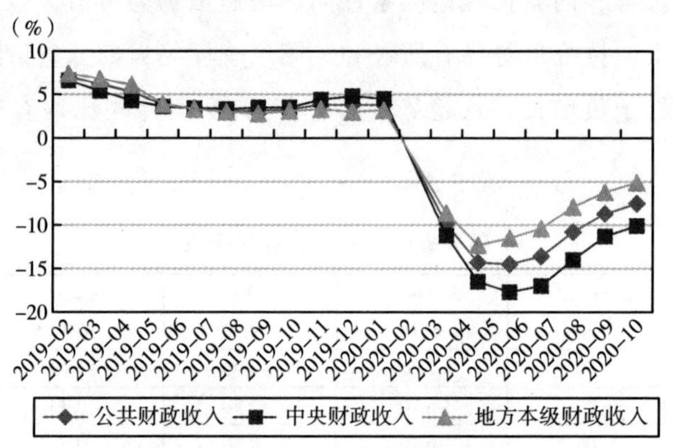

图 7－1　公共财政收入累计同比变化情况

资料来源：Wind、国家统计局。

从公共财政收入资金来源的变化情况来看，在疫情暴发初期，通过多渠道救助和纾困企业，税收收入累计同比降幅超过 10%，非税收收入基本维持在上年水平。疫情造成了部分企业停工，在复产复工的过程中，税收收入在第二季度末累计同比有所回升，而非税收入的累积同比仍在减弱。截至 2020 年 10 月，税收收入和非税收收入的增长速度出现反转，非税收收入累计同比降幅已达到 10%，如图 7－2 所示。

7.1.3 公共财政支出降幅低于财政收入

从公共财政支出的变化趋势上看，2020 年第一季度地方财政支出现大幅下滑，2020 年 2 月累计同比降为负数，中央财政采取积极措施，主动作为，累计同比增速仍保持了正向增长，总体上看，财政支出同比降幅 5% 左右，低

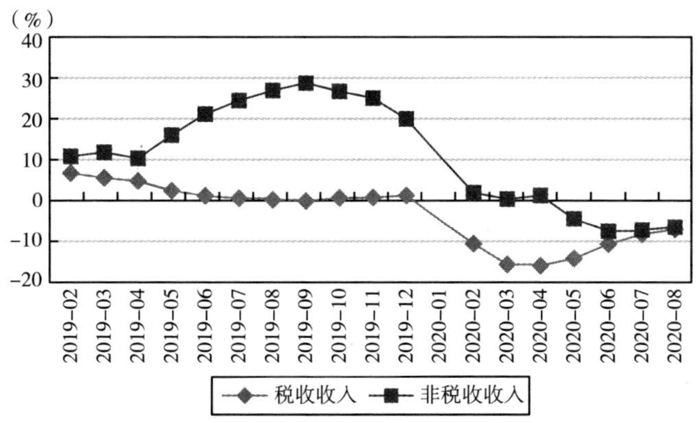

图 7-2　公共财政收入来源变化情况

资料来源：Wind、国家统计局。

于财政收入。随着第二季度地方财政支出企稳，中央本级财政支出也呈现下降态势。在国内疫情基本得到有效管控的情况下，自 2020 年 8 月起，中央本级财政支出增速已低于地方财政支出，如图 7-3 所示。

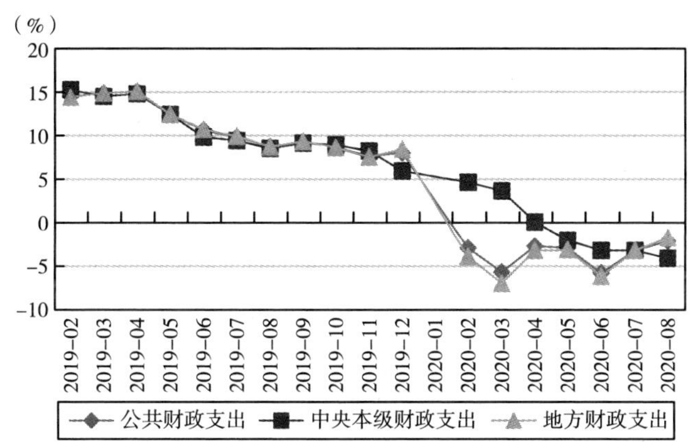

图 7-3　公共财政支出累计同比变化情况

资料来源：Wind、国家统计局。

7.1.4　显性债券余额持续增加

2020 年全国地方政府债务限额为 28.8 万亿元，其中一般债务限额 14.3 万亿元，专项债务限额 14.5 万亿元。截至 2020 年 8 月末，全国地方政府债务余额 25.1 万亿元，控制在全国人大批准的限额之内。其中，一般债务 12.8 万亿元，专项债务 12.3 万亿元；政府债券 24.9 万亿元，非政府债券形式存量政府债务 0.19 万亿元。由图 7－4 左轴可见，自 2020 年 1 月起地方政府债券显著上升，以 5 月和 8 月政府债券规模增加最为明显，分别增长 5.1% 和 3.9%。同时，也可以看到非政府债券形式存在的存量政府债务在 2020 年之前显著下降，2020 年进入平稳阶段，基本维持在 1900 亿元左右，如图 7－4 右轴所示。

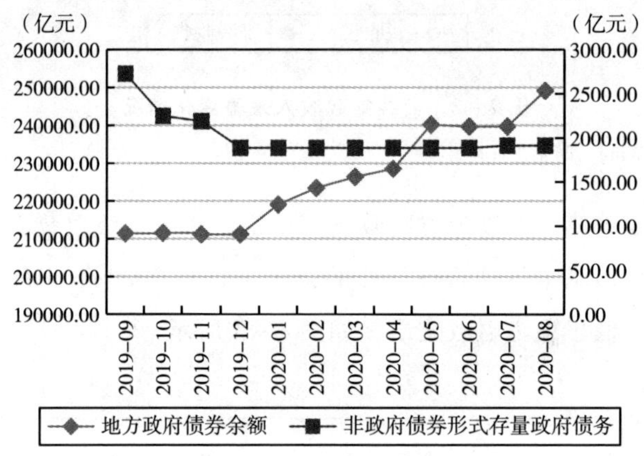

图 7－4　地方政府债券余额变化情况

资料来源：Wind、国家统计局。

7.2　隐性债务化解与专项债券项目融资结构新变化

2020 年中央安排地方政府专项债券 3.75 万亿元，虽然不能直接用于偿还隐性债务，但其作为积极财政政策重要的逆周期调节工具主要聚焦于基建投资项目，期望能够有效提振基建投资增速。然而，与市场预期不一致的是专项债券规模比 2019 年增加了 1.6 万亿元，而截至第三季度末基建投资规模仅为 2019 年的 2/3，基建投资增速不及预期，其原因或与基建项目的融资结构变化有关，值得探讨。

7.2.1　基建投资增速与专项债券资金的发行和使用进度不相匹配

为对冲疫情导致的经济风险，2020年我国增加了地方政府专项债券规模，加大政府投资力度。截至2020年9月末，新增专项债券发行规模3.37万亿元，完成3.55万亿元已下达额度的95%，剩余2000亿元明确用于支持化解中小银行风险，新增专项债的发行工作步入尾声。如图7-5所示，专项债券一般在当年的前三个季度基本发行完成，第四季度的发行规模极小，2020年的发行情况与往年基本保持一致。相比2019年2.1万亿元的新增专项债券，2020年在规模上呈现大幅增长。

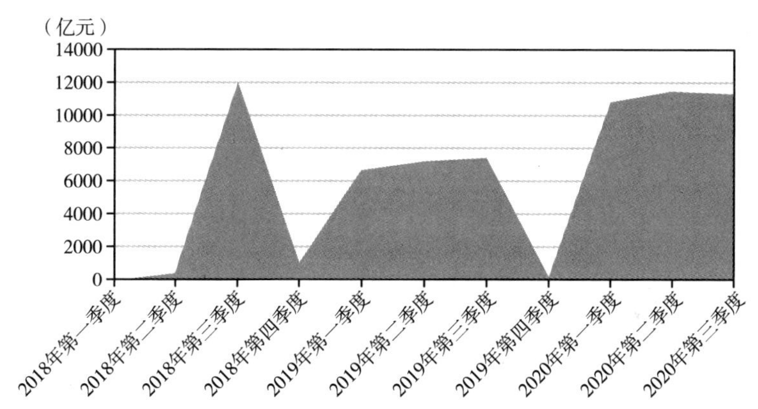

图7-5　近三年新增专项债券发行情况

资料来源：Wind、中国地方政府债券信息公开平台。

统计局数据显示，2020年9月基建投资（不含电力、热力、燃气及水生产和供应业）累计同比增长0.2%，与2018年、2019年的同期数值是3.3%和4.5%相比，基建投资增速下滑严重（如图7-6所示）。

尽管前三季度的基建投资一定程度上受新冠疫情影响，但其增速如此之低依然低于预期。

从专项债券的发行进度看，2020年前三季度新增专项债券发行规模3.37万亿元，完成3.55万亿元已下达额度的95%，发行进度稍慢于2019年的99%水平。

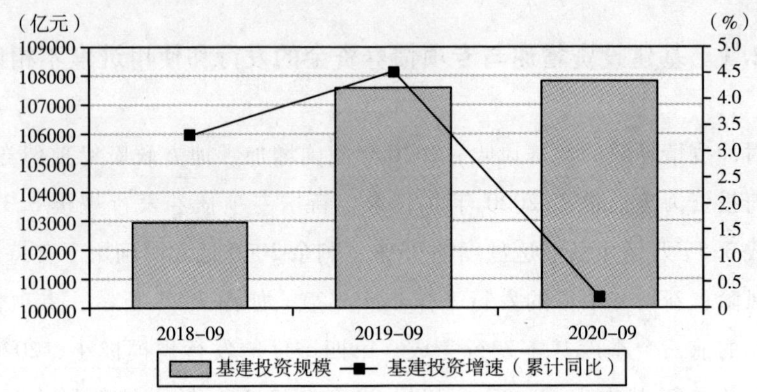

图 7-6 2020 年我国基础设施建设投资增速放缓

资料来源：国家统计局、Wind。

与往年不同的是，2020 年地方政府可用于投资的债券资金规模明显加大，不但一般债券比 2019 年增加了 500 亿元，1 万亿元抗疫特别国债中大约有 7000 亿元也直达市县区主要用于公共卫生基础设施等项目建设，而且发行的专项债券额度要明显高于 2019 年并更加聚焦基建投资领域。

那么，究竟是何原因导致了基建投资规模的增长不及市场预期呢？

7.2.2 化解隐性债务或是专项债券基建项目融资结构变化的重要诱因

目前，市场对基建投资规模放缓的解释多在于项目资金来源收窄和优质项目储备不足。但这种情况以前年度也存在，且 2020 年专项债券资金的“落地”进度也与往年不相上下。这说明，专项债券资金的使用受阻并不是主要原因。

通过样本数据分析发现，基建投资增速不及预期的关键因素在于地方政府专项债券资金的使用策略发生了明显变化。一是专项债券项目的融资结构发生变化，项目资产负债率明显上升；二是隐性债务化债压力可能是专项债券项目资产负债率明显升高的重要诱因。

专项债券资金确实明显聚焦于基建投资项目。受疫情和政策影响，2020

年专项债券投资领域发生迁移。如图7-7所示，2019年专项债券项目行业分布集中于棚户区改造和土地储备，二者之和接近专项债券项目总投资的50%；而2020年土地储备专项债券被叫停，棚户区改造项目也大幅下降，资金更加聚焦于基建投资，如轨道交通、市政和产业园区基础设施、医疗卫生、其他交通基础设施项目等领域。其中，市政和产业园区基础设施在2019年占专项债券项目总投资的8.6%，2020年跃升至22.9%，超过棚户区改造和土地储备，排名第一位。

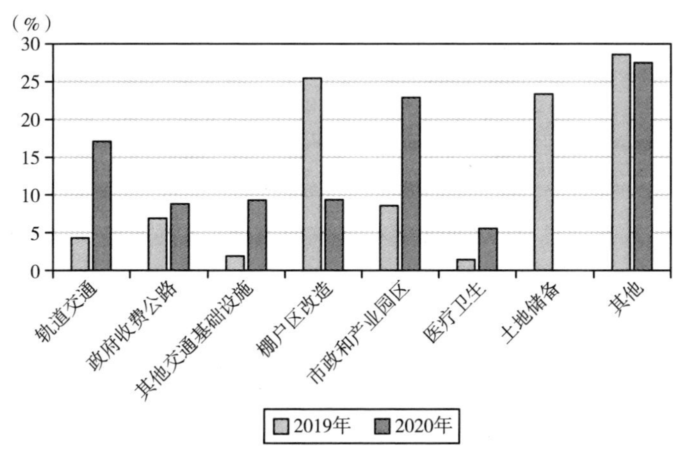

图7-7 专项债券投资项目的行业分布变化情况

资料来源：中国债券信息网、企业预警通、Wind，经作者整理而得。

专项债券项目的资产负债率明显上升。为了考察地方政府对专项债券基建项目的配资意愿，我们选取了地方政府配资独立性较强的领域，如市政和产业园区、停车场、医院新建院区、地铁等项目来分析。

按照市政和产业园区基础设施项目开工年度的专项债券配资规模由高到低顺序，观察2019年与2020年排名前十位的项目融资结构，如图7-8所示，可以得到以下三个变化特征：一是在新开工项目的整个建设期内专项债券资金占比明显提高，其他债务融资占比明显降低，反映了地方政府用专项债券配资的意愿在上升。在样本项目中，2020年的专项债券融资占比平均为54%，其他债务融资占比平均为4%，而2019年专项债券融资占比平均为39%，其他债务融资占比平均为12%。二是在新开工项目的整个建设期内，项目资本金比例呈下降趋势，反映了地方政府在专项债券项目中利用预算内资金出资意愿的降低。在2020年专项债券使用规模排名前十位的项目中，项目资本金比例平均为42%，而2019年的项目资本金比例平均为49%。三是在新开工项目2020年度的配资中，新增专项债券规模明显加大，反映了项目开工当年对专项债券资金的依赖性进一步增加。在样本项目中，2020年新开工专项债券项目当年专项债券配资比例占开工项目总投资规模的37%，而2019年该指标为14%（如表7－2所示）。

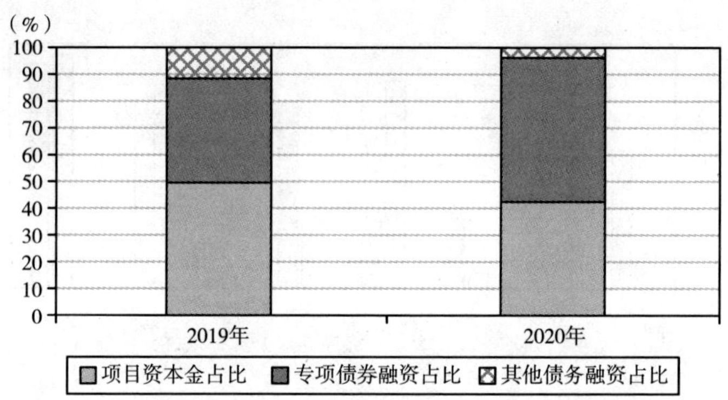

图7－8 市政和产业园区领域样本项目的融资结构变化情况

资料来源：中国债券信息网、企业预警通、Wind，经作者整理而得。

表7－2 样本项目的融资结构变化情况

项目	2019年	2020年
项目资本金占比	49%	42%
整个建设期专项债券融资占比	39%	54%
其中，开工当年专项债券配资占比	14%	37%
其他债务融资占比	12%	4%

资料来源：中国债券信息网、企业预警通、Wind，经作者整理而得。

考虑到仅以市政和产业园区领域专项债券融资规模较大的项目为样本或有失偏颇，通过整理计算了停车场、医院新建院区、地铁三类专项债券项目的融资结构变化情况，验证以上特征的稳健性。如图7－9所示，2020年停车场、医院新建院区、地铁新开工项目在整个建设期内的专项债券融资占比分别提高了3%、7%和5%，项目平均资本金占比分别下降了3%、8%和22%，与上述市政和产业园区领域项目表现一致。但不同的是，其他债务融资比例并未减少，这将导致整个项目的资产负债率和平均融资成本进一步上升。

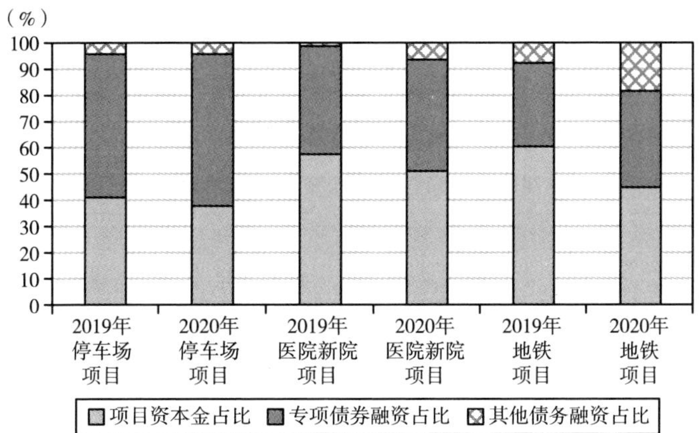

图 7－9　样本项目融资结构变化情况

资料来源：中国债券信息网、企业预警通、Wind，经作者整理而得。

在新开工项目 2020 年度的配资中，如图 7－10 所示，上述项目的开工当年专项债券融资占比分别提高了 15%、17% 和 5%，也与市政和产业园区领域项目表现一致。

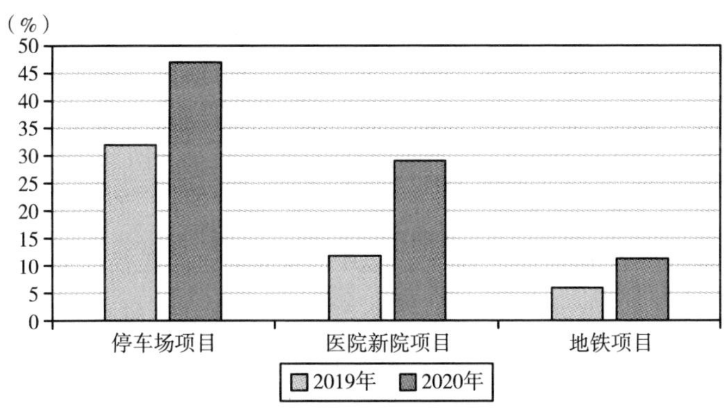

图 7－10　样本项目开工年度专项债券融资情况

资料来源：中国债券信息网、企业预警通、Wind，经作者整理而得。

此外，专项债券项目用作资本金的规模也明显增加。2020 年前三季度接近一成的专项债券用作项目资本金，进一步改变了基建项目的融资结构。据统计，专项债券用作资本金的项目共计1220个，已有2684亿元专项债券用作铁路、轨道交通、农林水利、生态环保等领域符合条件的重大项目资本金。其中，在市政和产业园区基础设施、政府收费公路、其他交通基础设施、轨道交通四个基建领域中，用作资本金的专项债券占项目总投资的比例分别为11%、5%、8%、5%（如表7-3所示）。

表7-3　　不同领域专项债券用作资本金的项目情况

领域	项目总投资（亿元）	项目数（个）	专项债券用作资本金金额（亿元）	专项债券资本金占项目总投资比例（%）
市政和产业园区基础设施	2240.57	218	250.39	11
政府收费公路	8282.87	98	446.01	5
其他交通基础设施	8939.46	158	672.4	8
轨道交通	14959.84	94	682.4	5

资料来源：中国债券信息网、企业预警通、Wind，经作者整理而得。

从上述分析看，2020年市政和产业园区新开工项目在整个建设期内的资产负债率为58%，而2019年为51%；停车场、医院新建院区、地铁等其他项目的资产负债率在2020年分别为62%、49%和55%，而2019年的数值分别为59%、42%和39%，资产负债率明显上升。如果考虑到专项债券用作项目资本金的情况，2020年专项债券项目的资产负债率或将在上述基础上再提高5%及以上。

通过分析样本项目融资结构的变化情况可知，专项债券用作项目资本金规模的扩大，以及专项债券作为项目债务融资比例的上升，明显提高了基建领域专项债券项目的资产负债率。相比于2019年基准，“置换”出大量的财政预算内资金。这些被“置换”出来的资金可能的用途主要包括兜牢兜实“三保”“六保”等保障性任务和化解地方政府隐性债务。

地方政府之所以作出如此安排，主要有如下几个方面的考量：一是通过专项债券项目资产负债率的提高，能够有效保证专项债券资金投放任务的完成进度。因为对于同样规模的基建项目，提高融资结构中的专项债券比例有助于地方政府完成更多的专项债券资金投放任务。二是有利于完成相关保障任务和化解地方政府隐性债务。但考虑到2020年中央政府通过特殊转移支付机制把大量的财政资金下沉到市县区的实际情况，基本上能够弥补基层财政履行保障性任务的财力缺口。因此，我们认为，这些“置换”出来的财力大部分用于化解地方政府隐性债务。由于相关制度规定地方政府债券资金和抗疫特别国债资金不得用于偿还隐性债务。这就导致化解隐性债务面临更为严峻的资金缺口，容易迫使地方政府将这部分“置换”出来的资金主要用于当年的隐性债务化解任务。

事实上，2018 年以来地方政府每年的隐性债务化解目标都纳入年度考核范围。2020 年化解债务任务的重要性不亚于“抗疫”“三保”的位置，业已成为地方政府的刚性支出范畴。按照此前估计，地方政府存量隐性债务规模 30 万亿元左右，平均每年至少需化解 3 万亿元。目前地方政府隐性债务化解基调没有变，化债节奏也没有放缓，而且利用核减核销方式化解隐性债务的空间已基本用足，未来隐性债务化解任务只能主要依靠地方政府动用“真金白银”进行偿付。这也是地方政府改变专项债券项目融资结构的重要原因。

7.2.3　基本结论和风险提示

基于基建领域专项债券项目融资结构变化的分析，本章提出以下结论和思考：

一是专项债券对基建投资的拉动效应已因项目融资结构的变化而明显降低。地方政府通过合规性调整基建项目的融资结构，提高专项债券资金的配资比例，形成了“冲抵效应”，阻碍了专项债券的杠杆撬动作用。

二是化解隐性债务或是地方政府提高基建项目专项债券资金出资比例的重要诱因。在其他条件不变的情况下，可以预计在隐性债务化解任务完成前，地方政府仍然有动机提高基建项目中的专项债券配资比例，相应降低预算内资金的出资比例，进而在中长期影响专项债券的基建投资拉动效应。

三是需要高度关注基建项目公司运营期面临的可持续性风险。由于项目建设期间资产负债率的提高，弱化了项目公司的资本约束，将加重后续运营期的财务成本，降低了项目可持续运营的能力，可能刚性增加对未来财政补贴的诉求。

7.3　地方政府或有债务展望

在当前面临经济转型的下行压力、疫情冲击以及中美贸易摩擦等多种不利因素叠加的外部环境下，地方政府的财权事权矛盾更加突出，在化解原有地方政府隐性债同时，新的政府或有债务风险累积也在增加。政府或有债务所发挥的稳定经济功能，也是与我国目前诸多经济矛盾适配的特色缓解机制，对我国短期经济稳定具有重要意义。

7.3.1　我国地方隐性债务可控性增强

一是融资平台转型发展创造化债新动力。针对 2017 年中央政府定性“违法违规举债和变相举债”导致的地方政府隐性直接债务，中央相继出台了多项政策文件规范地方政府债务行为，并且由财政部提出了六种化解地方政府隐性直接债务的方案，其中有利于我国长远发展的方式为债务由融资平台自己偿还，即融资平台通过转型取得项目结转资金，获得收益，但是这一目标的实现需要时间。基于此，通过财政收入偿还、出让政府股权以及经营性国有企业资产权益偿还有助于为融资平台转型提供转型发展所需时间，是短期内适用的化解源于融资平台的地方政府隐性债务的方式。因此，融资平台形成的地方政府隐性债务只有通过融资平台转型才能从根本上化解，财政收入偿还、出让政府股权以及经营性国有企业资产权益偿还等方式为平台争取足够的转型时间。

二是我国政府或有债务风险持续存在，但风险可控性持续增强。根据城市基础设施建设项目资金回收平均时间，5～10 年内融资平台不一定能实现完全转型，但是随着时间的推进，融资平台自身项目的资金流动性逐渐增加。从长期来看，融资平台实现转型形成具有良性资金循环的地方国有企业的可能性存在。同时，由于过往我国经济周期变化与国企债务以及地方政府债务的周期性变化对应关系，由地方融资类国企再次形成地方政府隐性直接债务的可能性也存在，不过随着我国“开正门”的地方债务管理制度的完善，“偏门”再次大门敞开的可能性也在减小。

三是地方政府隐性或有负债源于地方国有企业和逐渐转型的融资类地方国企，企业债务规模和效率是或有债务与隐性债务风险的主要影响因素，因此，通过国企改革提高效率，才能从根本上缓解地方政府或有债务与隐性债务压力。

7.3.2　构建政府或有债务管理制度和机制

一是降低企业的“道德风险”，减轻企业债务风险形成的政府财政负担。政府具有的公共主体责任使政府无法完全避免或有债务压力，当企业风险可能形成公共风险时，政府的公共主体责任要求政府干预市场，形成政府财政压力。政府事后的救助会使企业形成被救助预期，产生“道德风险”，政府部门在干预市场、救助企业时产生的成本由企业分担可以降低企业的“道德风险”。一方面，政府部门可以在干预市场，救助企业渡过难关后向企业收费；另一方面，政府部门也可以制定规则要求企业部门根据企业风险和债务规模缴纳资金构成政府部门化解或有债务风险的基金，并根据缴纳资金的比例决定提供救助额度。不论是政府部门在干预市场后收费，还是干预市场前要求缴纳救助基金，都使企业部门承担了部分成本，企业部门为了减少成本而降低政府救助的概率，缓解了政府潜在的负债压力，也有利于改善我国主权信用评级。

二是建立披露和报告政府或有债务与隐性债务信息制度。政府或有债务形成较高的财政成本的重要原因在于债务的不确定性使政府部门在进行相关决策时未将债务考虑在内，一旦显性化会对政府财政形成意外的冲击。基于此，政府部门定期披露政府或有债务信息，并结合相关信息制定政府财政相关决策，则即使政府或有债务与隐性债务显性化，对政府财政的冲击较小，进而降低了系统性风险。

三是提高政府财政预算弹性。三大评级机构调整我国主权信用评级的依据之一为地方政府以及国有企业的债务扩张会影响中央政府的偿债能力，基于此，我国中央政府在制定财政预算过程中，提前将政府公共主体责任可能形成的政府或有债务与隐性债务压力考虑在内，提高政府的预算弹性，降低政府隐性负债显性化对政府偿债能力的冲击，缓解了政府隐性负债风险。

第8章　政府或有债务理论观点综述

8.1　国内外研究简述

不论是政府或有债务还是地方隐性债务，都是政府防范债务危机所关注的重要问题。国内外学者虽然侧重点有所不同，但是研究目标是一致的。国外学者率先构建了财政风险矩阵，将或有债务与隐性债务纳入财政风险管理框架，并在此基础上进一步评估各类债务的风险，注重量化分析与模型构建，而国内学者研究重点在于政府担保行为造成的地方隐性债务。

国内外相关研究体现了对政府债务的认知过程，研究内容从或有债务产生的根源，到债务风险衡量，再到宏观经济影响，最后落脚到债务管理制度安排；研究趋势从财政风险问题转向宏观经济部门间的风险传导以及债务管理制度中的政策协调问题。由于地方隐性债务是已经确定的或有债务之一，学术界对政府或有债务的概念与我国相关法律规范文件中地方隐性债务的定义相比更为宽泛。前者包含了建设性债务、消费性债务和地方政策性融资担保的债务等；而后者主要指的是地方政府通过融资平台公司、政府和社会资本合作（PPP）、政府投资、政府购买服务等方式违法违规或变相举债形成的债务，且不包含养老金隐性债务。

8.2 关于或有债务的研究基础

8.2.1 宏观层面的或有债务与隐性债务

或有债务与隐性债务在公共财政分析和公共部门真实财务状况评估中占有重要地位。Hana（1998）首次提出了政府或有债务与隐性债务的概念，在《Contingent Government Liabilities：A Hidden Risk for Fiscal Stability（政府或有负债：财政稳定性的隐性风险）》一文中创造性地建立了"财政风险矩阵"系统，分析了政府或有负债对财政稳定的威胁。她认为全球金融市场的一体化导致了私人资本的跨境流动规模增加、波动性增大；伴随着显性或隐性的政府担保，政府功能逐渐私有化；以预算平衡或少量赤字为目标的政策制定者往往更倾向于选择预算外形式的政府支持，这些都导致政府面临着逐渐增大的财政风险和不确定性。此外，她还对政府面临的潜在义务和财政风险及其来源进行了分类，概述在财政调节的情况下降低财政风险的方法，重点关注特定财政风险的类型、政府转移、新兴市场经济体的高风险暴露，以及财政调整过程中政府决策的质量。

Elizabeth 和 Antonio（2000）基于政府的资产负债表进行研究，将或有负债与资产和负债所引起的其他主权风险相联系，即使用资产负债框架进行风险监管，通过政策制定功能来管理从或有负债到债务部门的风险，预计未来更多的国家将追随这种模式。

Hana 和 Ashoka（2002）将政府面临的财政风险定义为融资压力，他们认为政府的资产、收入和债务结构会影响未来融资压力，并进行了国家案例研究，研究表明，各国对或有负债和其他财政风险的处理差异很大，世界各国的做法尚未标准化。在此基础上，他们介绍了政府在面临特定政府计划或部门的风险时可考虑的因素和制度方法，为政府或有负债相关的财政风险制定了管理框架。

Alam 和 Sundberg（2002）研究认为，从政府财政收支结构可以清晰地判断财政风险，如财政收入的不足或财政支出的过多。Easterly 和 Yuravlivke（2002）也指出，通过对政府资产负债表的研究，能够推断出可能的财政缺口，进而验证或有债务与隐性债务情况。

或有权益分析（CCA）把政府担保视为一种看跌期权，在政府担保的理论研究与实践方面都取得了开创性的成果（Merton，2006）。为了研究政府或有负债的来源情况，Kahn 和 Roberds（2007）研究了政府债务清算过程中的交易特征，分析了风险与损益的转移机制和最终解决途径，他们认为或有负债的清算与偿还与一般债务并无差异。因此，政府出于对金融该机构的隐性担保，在金融危机发生后，银行救助成为备受争议的问题（Panageas，2010；Jin 和 Zeng，2014；Kiley 和 Sim，2014）。Elgin 和 Uras（2013）研究了政府债务、主权风险和影子经济的关系，实证发现非正式金融部门的规模越大，公共债务的增长越多，主权违约概率越高。Grammatikos 和 Vermeulen（2012）研究了股票价格、汇率与主权 CDS 利差的关系，从理论和实证两个方面刻画了金融市场对主权债务的传导机制。毋庸置疑的是救助行为产生了大量的政府债务。

在统计领域里，IMF 在 2011 年政府财政统计报告定义或有负债除担保外包括，社会保险方案的累计责任的净现值，而将那些提供给政府雇员或者政府提供给所有居民的养老金福利定义为隐性政府负债。最广泛的或有债务与隐性债务形式是担保，特别是贷款担保，几乎存在于所有的国家，如金融系统救助的财政账单，在 40 起危机事件中平均额达到 GDP 的 13%，最高达到 55%（Laeven 和 Valencia，2008）。在 2008 年 9 月底的一系列金融部门救助之后，大部分或有负债成为显性债务，包括房利美和房地美。自然灾害和恐怖袭击相关事件同样花费巨大，有些经济损失甚至达到 GDP 的 200%。

我国学者认为或有负债有如下特征：一是或有负债的发生具有不确定性，无论是发生时间，还是具体规模，政府对其承担的支出责任并不明确（沈沛龙、樊欢，2012）。二是或有负债具有一定的时效性，马恩涛（2012）认为或有负债可能转化为显性和隐性负债，政府在不同阶段所承担的支出责任可能发生改变。三是或有负债与道德风险息息相关。对于政府和投资者缺乏有效监管的经济体，融资平台公司因经营不善往往迫使政府对其进行救助（扈文秀、张欣星，2016）。傅道忠（2001）从隐性负债的内涵出发，将隐性负债分为直接的隐性负债和或有的隐性负债两种类型。换句话说，真正威胁到财政可持续性的实际上是财政风险矩阵中的或有负债和隐性负债。这与早些时候不少学者提出的广义政府债务的概念是类似的，将政府可能承担的所有预算外支出进行分类统计，并测度政府可能承担的所有债务规模（贾兰兰、普松，2001；周成跃、周子康，2004）。秦海林（2010）在此基础上提出了"金融风险财政化"，用于解释金融风险增加政府或有负债的内在机制，并利用实证模型研究了或有负债转化为直接债务对经济增长的影响。邹小芃和万炜漪（2008）梳理了政府或有债务可能潜在来源，发现企业部门的公共性债务有可能转化为地方政府债务。陈晓东（2010）认为，希腊爆发债务危机的根源来自于实施了激进的财政政策，导致金融市场对其偿债能力的担忧，他认为我国当前面临同样的问题，体现在地方政府隐性或有债务。蒋米娜等（2012）借鉴欧洲债务危机的经验教训，讨论了我国地方政府债务问题，虽然二者具有本质的不同，但地方政府隐性或有债务风险较高。马恩涛（2014）分析了政府控制或有债务的管理技术，考察了"公司伙伴关系"导致的政府或有负债问题，结合目前 PPP 发展的最新态势，他认为可以通过风险共担机制转移政府风险，在此基础上提出了一系列的制度改革措施，如立法机关和审计机构的监督，增强债务信息披露，建立政府主导的或有债务风险应对基金。

隐性债务方面，学者主要从政府养老保险债务进行分析。郭永斌（2012）分析了我国养老保险缺口产生的隐性政府债务，建立了人口结构和养老保险债务模型，通过预测未来 90 年的养老金规模，论证了现收现付制度下我国养老保险系统的可持续性。李丹等（2009）曾经对我国养老金债务规模进行了准确测算，将参保职工个体成本进行加总，但由于时间较早，文章仅测算了职工养老保险，且数据仅停留在 2008 年。不过，在此基础上，梁君林等（2010）进一步研究了养老保险隐性债务的显性化问题，他们认为养老保险隐性债务并不会全部转化为政府债务，也就是说，显性化的仅仅是其中的一部分。通过借鉴系统动力学的方法，他们估计了未来各期政府需要清偿的隐性债务规模。

养老保险问题的根源是老龄化。杜萌和马宇（2015）研究了 70 个发展中国家的主权债务风险影响因素，实证了经济波动、债务规模、通货膨胀、储蓄率、外汇储备和广义货币等经济变量的现实影响，还考虑了发达国家的输出效应和外部性。特别需要指出的是，他们认为人口结构对于主权债务风险存在正向影响，老年抚养比将导致主权债务违约风险上升。而马宇和王群利（2015）则选取了 20 个发达国家的经验数据，同样发现人口老龄化趋势是债务风险上升的重要因素，但遗憾的是，文章并没有详细探讨人口老龄化对于主权债务影响的内在机制。邢天才（2015）认为，人口老龄化对于债务风险的影响存在"门限值"，在老龄化程度较低时，其负面影响较小，而一旦超过了阈值，老龄化将显著影响债务风险。

近年来，由于市场失灵所导致的债务危机频频发生，关于政府干预的讨论日渐增多。我国学者俞东来（2009）从亚洲金融危机的历史视角出发，详细分析了政府救助金融业带来的一系列问题。Amaglobeli et al.（2015）使用跨国数据探讨了系统性银行危机下的财政成本的风险因素，区分当期直接的政府干预（如资本重组和资产购买）和银行业危机的总体财政成本，用公共债务占 GDP 比率的变化来表示。银行监管质量的提高有助于提高存款保险的覆盖率，进而减少直接的财政成本。同时，提出一个政策取舍：昂贵的短期干预措施并不一定与更大的公共债务的增加有关，也就是说，直接干预实际上可能在长期中是有利的。Elizabeth（2016）认为，国家债务管理部门在管理或有负债风险方面要经常与预算部门密切配合，后者可以促进预算透明度并强化预算约束而债务管理部门可以进行主权风险量化和管理，同时也有助于政府制定或有负债政策。瑞典、新西兰、丹麦、加拿大、哥伦比亚等国的或有负债管理做出了很好的示例，从中获得监督管理经验。

与此同时，不少学者辩证地看待政府救助金融机构的意义所在，Schoenmaker 和 Siegmann（2014）使用欧洲 30 家大银行的历史数据，研究了政府救助机制的价值和意义，他们认为银行作为供给金融服务的重要部门，私人部门并不具备对其救助的能力，如果放任不管，可能会带来更大程度的社会动荡和经济危机，对于政府的救助行为甚至可以理解为一种"秃鹫投资"。Hryckiewicz（2014）使用文献演绎法解释了政府救助对于银行的影响，认为不同的救助方案影响不尽相同，直接行政干预手段往往会给银行部门的稳定性带来负面影响，与此相比，国有化、建立资产管理公司和政府担保具有积极作用。但是更多的研究证明，政府对银行的救助行为将会导致主权风险的增加，是一种“代价沉重的”胜利。Acharya et al.（2014）研究了银行救助与主权信用风险之间的关系，认为救助银行虽然可以维持金融服务部门的稳定性，但是政府财政负担将相应增加，进而降低主权信用风险，即使救助成功，代价也是沉重的。

而微观层面的或有债务与隐性债务，尤其是或有负债，主要来自会计或统计准则中，存在两个主要的国际公认的会计标准：一个针对私营部门公司，称为国际财务报告准则（IFRS）；另一个针对公有部门公司，以 IFRS 为基础，称为国际公有部门会计准则（IPSAS）。由于作者研究的主题是政府层面的或有债务与隐性债务，因此微观层面的内容不再赘述。

8.2.2 或有债务视角下对于欧洲主权债务危机的讨论

过去几年，或有债务与隐性债务已成为财政风险最重要的来源，在诸多案例中，政府未能发现这种风险并做好应对准备而导致了主权债务的大幅增加，进而引发了债务危机（Cebotari，2008；IMF，2012）。在过去的 10～15 年，或有债务的具现化以及汇率的下降已成为国家负债率突然提高的原因（Cebotari et al.，2009；Jaramillo 和 Mulas－Granados，2015），相关的财政成本也非常高。例如，在亚洲金融危机和拉美金融危机中，这些财政成本高达 GDP 的 50%（Honohan 和 Klingebiel，2000）；由于自然灾害而引起的或有负债实现的财政成本史上最高水平也仅仅达到 GDP 的 10%（Freeman et al.，2003）。

2008 年之后，全球性金融危机以及多次的银行重组和资本结构调整又加重了公共财政的负担，这就是政府倾向于给金融部门提供大额隐形担保的原因（Amoglobeli et al.，2015；IMF，2015）。金融部门相关或有负债的显性化往往是政府财政的主要负担。Weber（2012）通过跨国面板回归发现，银行危机引起的财政成本（Laeven 和 Valencia，2012）是债务股票变化和赤字变化之间差异的重要来源。同样，有大量文献试图量化与金融部门相关的或有负债所造成的财政成本（Honohan 和 Klingebiel，2000；Hoelscher 和 Quintyn，

2003；Amoglobeli et al.）。Landier 和 Ueda（2009）基于遭受金融危机打击新兴经济体的经验，提出了关于银行重组管理的建议。Bova et al.（2016）详细分析了 2007—2010 年 10 个发达国家政府债务大幅增长的来源，分析表明，与国有企业准财政活动相关的金融部门债务意外增长中占据政府债务增长的 1/5。

Heleen 和 Clement（2014）回顾了荷兰政府的或有负债状况，包括政府担保负债以及财政干预。发现政策制定者常常把这些措施理解为“免费的午餐”，不收取（足够高的）费用并且不建立储备以应对潜在损失。他们认为，荷兰政府需要尽可能减少这些措施，落实可以减少隐性风险的政策，增加透明度，并且在面临较大的复杂风险时考虑寻求关于费用的外部意见。通过荷兰案例总结出，各国应对预算体系的透明度和正确激励给予更多关注。作者指出或有负债的增加和政府财政的恶化使得许多国家对这些风险的承受弹性减小。同时，关于或有负债，不同国家的定义和度量方法差异巨大，这使得国际比较和监控变得困难。

值得注意的是，政府和银行部门之间也会出现风险的相互转移，这是由于银行是主权债券的最大持有者，政府信用下降，银行资产相应贬值（Aktug et al.，2013）。Stanga（2014）定量分析了美国和六个欧洲国家救助银行导致的“银—政”风险传导机制，指出二者的差别在于欧洲政府与银行的“债务互持”现象更加严重。以欧盟金融危机为例，Arslanalp 和 Liao（2014）从银行部门或有负债的角度入手，构造了银行部门或有负债指数（CLI），用来衡量银行系统的集中度、银行违约的市场预期和政府的救助观念，并使用 32 个国家 2006—2013 年的数据证实或有负债指数对于主权 CDS 利差具有显著影响。研究结果表明，CLI 每增长 1 个百分点，发达国家主权 CDS 利差增长 24 个基点，发展中国家增加 75 个基点。Avino 和 Cotter（2014）形象得将主权 CDS 和银行 CDS 表述为硬币的两面，研究了二者之间的价格发现机制，通过对主要欧洲国家的实证分析，发现德国、瑞典的银行 CDS 具有先导性；而对困境中的西班牙和葡萄牙来说，主权 CDS 具有先导性。Arslanalp 和 Liao（2015）在其研究的基础上，基于银行业的规模、密集程度、多样化、杠杆率和资产的风险性，生成银行业或有负债指数（BCLI），用以评估银行危机带给政府的潜在损失。他们用该指数研究了从2006—2013年32个发达国家和发展中国家的情况，以及包括全球系统重要性银行的情况。

除了政府干预经济形成的或有负债之外，以社会保障刚性支出为首的隐性债务问题也是制约其政府偿债实力的重要因素。国内学者从两个方面进行解释，一是老龄化现实，二是福利制度因素。张士斌和黎源（2011）认为，欧洲国家老龄化严重，给劳动力结构带来的不良影响，缴纳养老金的适龄劳动人口越来越少，而领取养老金的退休人口越来越多，政府不得不对养老金缺口进行补贴。这需要稳定的财政收入来源，而这一点恰恰是危机国家所欠缺的。针对欧债危机的成因，郑秉文（2011）和鲁全（2012）认为与经济发展和财政能力不相适应的福利制度是导致希腊等国债务危机的真正致因。林义和陈加旭（2013）发现，对于同样实行高福利的欧洲国家，有些国家的福利制度可以平滑经济，而在另一些国家社保支出的经济稳定器机制完全丧失，他们认为可能的原因来自经济发展和债务水平高低，与经济发展不匹配的福利制度将扭曲国家的正常运行，同时以债养债的庞氏融资性质进一步加剧债务负担，制约经济政策的刺激空间。

Andersen（2012）认为，一方面，由于所有OECD国家的养老金和医疗保障资金主要都来源于税收融资系统，而大部分税收的基石是劳动力市场收入，因此税收政策对于人口年龄结构的改变十分敏感，如适龄劳动人口和退休人口在人口总量中所占比重；另一方面，老年人口的增加要求政府必须加大对于养老金的投入，由于这种刚性支出无法带来资本性收益，进而逐渐产生了税收系统难以弥补的财政缺口。作为世界上大多数国家采用的退休保险制度，现收现付制使用在职就业人员交纳的养老保险费款项来支付当前退休人员的养老保险金，当前就业人员将来年老退休，再起用下一代就业人员的保险费。高福利制度不仅拖累了欧洲福利国家的经济增长，也抬高了福利制度成本，并加剧了债务负担（Andersen，2008；Ferrero，2010；Haan和Prowse；2014）。同时，寿命提高，出生率下降将使欧盟内领取法定社会福利金的人口比例大于交纳各种保险金的人口比例，国家的社会保险将变得入不敷出。老龄化将降低潜在的劳动供给量，增加养老金系统和医疗保障体系的负担，进而导致偿债能力的下降。具体而言，一是人口老龄化可能带来劳动力供给不足，损害税基与经济增长；二是老年抚养比的升高将导致养老金系统入不敷出，现收现付式的养老保险制度要求在职劳动者缴纳更多的养老金；三是老年人医疗保障需求可能给国家财政造成巨大压力。对于人力因素来说，在一定时期人口数量相对是固定的，而投入到经济中的劳动力数量却是随着年龄结构改变的。人口结构变迁在全球领域正逐渐展现，尽管不同国家和地区之间存在某些差异，人口预测明确显示出抚养比的上升趋势。老年抚养比的提高所导致的政府债务增加已成为阻碍欧洲经济增长的桎梏（Checherita 和 Rother，2010；Magnani，2011；Pan 和 Wang，2012；Teles 和 Cesar，2014）。

当然，针对欧洲主权债务危机不仅仅是或有债务与隐性债务造成的，我国学者对其爆发原因、影响和救助机制都有所涉猎，可以为我国应对债务风险提供现实依据。如巴曙松等（2012）基于面板数据，使用向量误差修正模型探讨了主权债务利差和主权信用违约互换（CDS）之间的传染效应，他们认为从金融工具的角度来看，主权 CDS 对于欧洲债务危机没有必然联系。陈浪南等（2015）从实证的角度研究了欧洲债务危机对我国经济的影响，基于贸易直接效应和间接效应分析了贸易渠道和产出乘数两条路径，他们发现欧债危机对于我国的影响较小，其原因可能来自中国当前的贸易模式。保建云（2011）认为，主权债务危机是内生的，来自欧洲货币的演化以及欧元区各国政府自身的治理缺陷，如成员国之间的相互不信任，存在利益冲突。常向东和陈迪（2011）探讨了美国和日本爆发主权债务危机的可能性，从经济实力和财政实力两个方面进行论述，他们认为美国、日本和欧洲是两种不同的财政货币政策体制，因此不会出现欧洲债务危机。邓小华（2011）认为，欧债危机虽然是由多种原因引发的，如社会体制、各国内部政治问题和历史问题，但其中最为根本的原因来自于“生产性”经济的缺失。黄文涛（2012）通过分析欧债危机的成因，发现欧洲福利制度存在巨大隐患，他认为国家的财政实力是福利制度安排的基础，欧洲问题对于目前我国福利制度改革具有借鉴意义。

8.3 关于主权债务的理论与实证研究

8.3.1 关于债务—经济的理论探讨与实证检验

在20世纪70年代以前，学术界对于公债理论讨论的焦点一直围绕着“公债是否有益”这个问题，以亚当·斯密、萨伊、大卫·李嘉图、约翰·斯图亚特·穆勒为代表的古典经济学认为，公债是有害的。例如，大卫·李嘉图就将其比喻为“空前的灾祸”。而凯恩斯及其支持者则认为，“举债支出”具有增加投资和增加消费倾向双重作用；适度发债应当作为一项财政政策刺激经济和抑制通货膨胀。而新古典综合学派的莫迪利亚尼则将视角进一步放长远，他认为衡量债务的利弊应当取决于未来子孙的资本存量是否减少。

出于对20世纪70年代在各国出现的“滞胀”现象的反思，许多经济学家对公债理论有了新的认识和思考。理性预期学派的代表人物巴罗（Robert J. Barro）进一步拓展了公债中性论的李嘉图等价定理的应用范围。然而，供给学派马丁·费尔德斯坦（Martin Feldstein）并不认同巴罗对于李嘉图等价定理的发展，他认为从单个理性人的微观角度，公债的发行依然会影响理性人的消费行为。

尽管不同学派分析公债产生的经济效应的角度、层次各不相同，但是有一点却是普遍认同的，即过多的债务负担对于一个国家来说绝对是一件糟糕的事情。因此，如何将债务规模控制在合理范围成为发达国家研究人员探讨的主要问题。

我国学者对于国家债务的研究同样产生于财政风险理论。张春霖（2000）指出发行债务作为一项财政手段，债务风险也是财政风险的一种表现形式。刘尚希（2003）从政府处理公共风险的角度出发，政府可以利用公共资源收益来承担相应的支出责任，避免经济、社会受到损害。在表现形式上分为赤字、债务、税收三个阶段，政府将面临社会压力、政治压力与资本市场约束，进而衍生为财政收入风险、财政支出风险、财政赤字风险和债务风险，财政风险也将渗透到经济、政治、金融领域。刘尚希、赵全厚（2002）对主权债务进行了全面的类别整理，并把政府债务和政府可支配的资源联系起来进行分析，没有考虑经济规模及其变化对政府债务的影响，主要是从政府资产存量和收支流量两个方面来分析政府债务的风险状况。武彦民（2003）和郭庆旺等（2003）从财政职能和跨期预算约束的角度，任何阻碍政府财政职能的事项都可能导致财政风险，满足跨期预算约束时评估财政风险的标准。陈梦根等（2016）采用统计方法对比了美国、日本、英国、加拿大、中国的政府债务统计体系，归纳总结了国际常见的统计口径和准则的差异，并指出我国目前的债务统计体系存在改善空间，应当完善信息公开制度、建立健全指标体系、加快各部门资产负债表的编制。

程宇丹和龚六堂（2015）认为，发达国家债务并没有促进投资增长、也无益于社会全要素生产率的提高，而发展中国家由于债务承受能力较弱，不宜承担较高的直接债务。进而利用两级政府的财政分权模型，研究了在内生增长框架下中央政府和地方政府的债务经济模式差异。他们认为发行政府债务将改变政府税收、公共支出和转移支付的方式。

丁一凡和赵柯（2014）从博弈的角度论证了主权债务，基于历史的视角探讨了国家的兴衰和财政实力、融资能力之间的逻辑关系，从全球格局分析了融资能力的“排他性”和“竞争性”，他们认为西方发达国家在拥有强大经济作为后盾的情况下债务危机将不会发生，而欧洲债务危机的爆发恰恰意味着这些国家经济能力的衰退。

实证方面，国外学者设计了许多构思精巧的检验模型，Barro（1979）的论文探讨了经济发展、国家财政所涉及的宏微观变量与主权债务发行数量之间的关系，成为对债务经济问题的研究起点。以此为基点，Blanchard（1985）、Eisner（1984）、Hamilton 和 Flavin（1986）展开了广泛而深入的讨论。Ganelli（2005）从开放经济的视角切入，在传统 Mundell - Flemming 框架下扩展了 Blanchard（1985）提出的世代交叠模型，研究了债务融资就与政府支出和汇率变化的影响。Fanti 和 Spataro（2006）从政府债务的角度重新审视了内生劳动力供给在 Diamond（1965）世代交叠模型中作用。Yakita（2008）使用世代交叠模型构建了公共债务、资本形成与内生经济增长的关系。

我国学者也做了卓有成效的经验研究。杜思正和冷艳丽（2015）利用非线性模型考察了主权债务适度规模理论，研究认为在不同发展时期，主权债务的最优规模并不一致，政府需要根据经济发展和国家自身特点进行调整。范小云和郭步超（2014）利用30个发达国家和21个新兴国家的债务数据研究了主权债务的门限效应，实证结果显示，适度负债对于全要素生产率和资本形成具有正向作用，但是发达国家和新兴市场国家存在差异。其研究与伏润民等（2012）对于主权债务可持续性的讨论相匹配，他们认为发展中国家负债来自政府行为，而发达国家更多的是市场行为，这种差异是由政府债务产生的社会经济效应决定的。而另一篇综述来自顾海兵和丁孙亚（2015），两位学者将债务可持续性分解为债务规模和偿债能力，并构建了三种指标体系，分别是直接判断、综合指数和模型预警。

随着地方政府融资平台风险不断积聚，围绕着我国的债务风险和债务规模等相关问题，伏润民等（2008）、刘昊（2013）、朱文蔚和陈勇（2014）分别对我国债务风险与财政可持续性的关系进行了系统性的阐述，指出政府债务是实施扩张性财政政策的重要手段，但是债台高筑的财政政策影响着财政的可持续性和经济的稳定增长。张英杰、李诗、余璐、谭畅（2015）梳理了近几年我国债务的整体变化趋势，总结了债务特点及潜在风险，并就近年来政府针对债务风险所采取的措施进行了剖析，最后就当前宏观经济环境下如何创造解决债务问题所需条件及长久解决债务问题的办法进行了探讨。

在主权债务的影响因素方面，最早的研究来自Cantor和Packer（1996），他们从主权信用评级的角度归纳出一系列相关指标，包括人均收入、GDP增长率、通货膨胀率、财政盈余、外部盈余、外债存量、经济发展指数、违约历史和主权债务利差等。近些年，Gnegne和Jawadi（2013）为了研究公共债务的有界性和非线性，使用了门限自回归模型。Takeuchi（2010）研究了美国外债的可持续性，文章的创新点在于使用了马尔科夫转换单位根检验。Baum et al.（2013）以欧元区为样本研究公共债务债务与经济增长的关系，首先利用动态阈值模型分析公共债务对GDP增长的非线性影响；其次利用1990—2010年欧元区12国的面板数据发现负债率超过67%对经济增长出现消极影响；最后研究发现，对于负债率高于95%的重债国来说，增发债务将恶化经济活力。

Proano et al.（2014）研究了工业化国家面临的金融压力、主权债务与经济增长的关系，指出只有在金融压力下，主权债务对于经济增长才具有负面影响。同时，对债务与经济的关系的探讨也不止关注于增长，进一步扩大到货币供给、通货膨胀、私人储蓄、公共投资等（Goohoon et al.，2009；Doi et al.，2011；Forslund et al.，2011；Checherita 和 Rother，2012；Greiner，2012）。

李刚、冯夏琛、王璐璐（2013）在对公共债务与经济增长关系的理论分析基础上，采用面板数据模型，以2001—2010年OECD中19个主要国家为研究对象，发现欧元区国家经济增速低于欧洲国家平均水平，政治制度和公共债务规模对于经济增长的影响并不显著。

张启迪（2015）应用扩展后的IS－LM模型研究了1970—2012年欧元区16国政府债务对经济增长作用的阈值模型，研究发现，在债务规模低于阈值水平时，起到促进作用；而当超过阈值水平时，则对经济增长有阻碍作用，阈值范围在54%～78%，同时也证明了债务经济存在双向因果关系。

庞晓波、李丹（2015）首先使用国债负担率测度政府债务风险，并加入了一系列控制变量如经济景气指数、财政赤字率、实际利率、实际经济增长率等指标进行数值模拟；其次，超过《马斯特里赫特条约》约束中央国债负担率会“倒逼”地方政府债务负担率上限，获得地方债三重风险临界值，间接测度地方政府债务风险。研究结果表明，我国中央政府债务风险小，但资金配置效率低；地方债整体风险可控，逼近风险临界点的速度在经历2009年高潮后开始放缓，但未来一段时期仍表现出快于实际经济增长的超常规增长趋势，预计2019—2022年可能成为风险爆发的集中期。通过政策模拟发现，政府债务风险从根本上受经济景气状况影响，并在不同程度上受金融市场、经济增长和政府预期影响。

在债务结构与宏观经济波动方面，郭新华，廖知航（2015）采用1997—2013年中国家庭债务、非金融部门企业债务、公共债务及国内生产总值等宏观经济变量的季度数据，利用VECM模型分析了我国各个经济部门债务规模的经济效应。结果显示：家庭债务、非金融部门的企业债务与国内生产总值的关系为正相关，公共债务与国内生产总值关系为负相关。

陆婷、余永定（2015）构建企业债变化的微分方程，动态模拟了不同情况下债务的增长路径，创新性地使用了企业债务占 GDP 的比例作为联系企业债务和经济发展的衡量指标，研究发现中国当前的经济增速无法降低企业负债率。

杨攻研、刘洪钟（2015）将国家债务细化为政府债务、企业债务和家庭债务，并从实证的角度展开研究，考察了债务结构变化对于经济波动的影响。实证结果显示企业债务对于经济影响较大，政府债务对经济的影响更为长期，而家庭债务有助于经济的平稳运行。

8.3.2 主权债务违约风险研究

国外学者认为债务违约风险主要来自两个方面：一是偿债能力，二是偿债意愿。偿债能力主要来自前文所述的财政实力，Aizenman（2013）使用财政空间指标估计了主权信用风险，尤其关注了西南部外围欧元区国家，动态面板估计显示赤字、税收和其他宏观因素是主权风险的重要决定性因素。Ghosh et al.（2013）以欧元区为研究对象，解释了财政空间和主权违约风险的传导机制。Frank 和 Ley（2009）使用蒙特卡洛模拟构建了财政可持续性研究的新框架，通过分析负债率的结构性突变挖掘相应的违约信息。而在偿债意愿方面，Enderlein et al.（2012）指出当主权债务危机时，政府的强制性措施将起到决定性作用。Mitchener 和 Weidenmier（2010）关注主权债务偿还和制裁机制，研究显示对于债务违约者进行外部管制能够有效提高偿付率。

在违约风险的衡量方面，早期研究多直接使用市场价格，如一级国债市场发行利率（Edwards，1986；Eichengree 和 Mody，1998）和国债到期收益率（Cantor 和 Packer，1996；Arora 和 Cerisola，2001；Weinschelbaum 和 Wynne，2005；Alfaro 和 Kanczuk，2005）。由于基准利率存在差异性，且容易受到宏观因素的影响，不少学者在研究中引入了利差的思想（Gande 和 Parsley，2005；Genberg 和 Sulstarova，2008）。伴随着创新型金融工具的开发和衍生，主权信用违约互换（Sovereign Credit Default Swap，CDS）凭借其保险属性在近几年发展迅速，国外学者已经将其价差（CDS Spread）作为债务违约风险的重要指标（Ammer 和 Cai，2011；Longstaff 等，2011），其中以 5 年期 CDS 最为常用。众所周知，2008 年金融危机后欧洲国家的 CDS 合约价格随着国家主权债务规模的上升而明显升高；在 2011—2012 年以西班牙、希腊和意大利为首的南欧国家主权 CDS 再次飙升。利用主权 CDS 作为经济基本面分析的补充，一方面改善了宏观数据更新速度慢的弊端，另一方面为衡量缺乏可靠宏观数据的发展中国家主权债务违约风险提供了有力的市场化工具，如违约事件更为常见新兴市场（Aguiar 和 Gopinath，2006；Mehl 和 Reynaud，2010；Yue，2010；Alfaro 和 Kanczuk，2009；Beirne 和 Fratzscher，2013）。

考虑到我国外债较少，主权债务对应我国的政府债务和公共债务。由于计划经济时代的历史原因，我国政府承担了更多的企业职能，这就造成了我国显性政府债务较小。而企业债务由于存在政府隐性担保，测度广义政府债务成为了解国家真实负债的重要课题。

20 世纪末到 21 世纪初，研究财政问题的经济学家对于广义政府债务进行了深入的研究和测度，首先提出了国债综合负担率的概念（樊纲，1999），将国家为担保的政府内债、外债和银行坏账纳入广义政府债务的统计当中。张春霖（2000）和贾康、赵全厚（2000）考虑到了政府名义债务和显示债务的差异，特别提到银行坏账和养老金负债之和接近 GDP 的 50%，虽然当时并未提出或有债务与隐性债务的概念，但这种差异正式或有债务与隐性债务显性化所导致的，与财政风险矩阵中的思想不谋而合。接下来，随着马拴友（2001）将 Hana Polackova（1998）提出的财政风险矩阵引入国内，学者们展开了广义政府债务规模的新一轮测算，并得出了全面细致的估算结果。刘尚希、赵全厚（2002）和刘尚希（2005）指出，中国政府债务部分来自“经济转轨”带来的隐性成本，2004 年广义政府债务总和 95013.5 亿元，接近当年 GDP 的 70%。

8.4　关于我国地方隐性债务问题研究

8.4.1　地方隐性债务来源研究

地方政府债务问题与分税制度不完善、地方官员激励扭曲、地方融资平台不规范等问题盘根错节（马海涛、吕强，2004；贾康、刘薇、张立承、石英华、孙洁，2010；封北麟，2010；缪小林、伏润民，2013；张学诞，2017；毛锐、刘楠楠、刘蓉，2018；韩文丽、谭明鹏，2019）。当前存在大量隐性负债、个体风险难以监控以及对土地财政依赖严重等多重风险，地方政府举债的区域异质性和市场约束逐步增强（毛振华等，2018；吉富星，2018；毛捷、徐军伟，2019；李丽珍、安秀梅，2019；李丽珍，刘金林，2019；韩健、程宇丹，2019）。

8.4.2 地方政府债务风险判断

地方政府性债务的风险压力与地方政府存量债务、公共投资的资金需求、地方政府投资能力、中央与地方事权与财力匹配格局、政府与市场公共投资边界划分等因素密切相关，以地方财政收入作为唯一的偿债资金来源不能实现所有地方政府的债务可持续，其风险大小取决于政府可支配的资源（刘尚希、赵全厚、孟艳、封北麟、李成威、张立承，2012；沈沛龙、樊欢，2012；曹婧、毛捷、薛熠，2019）。实证方面，学者们构建了政府债务可持续性动态模型、债务风险预警模型（伏润民、王卫昆、缪小林，2008；缪小林、伏润民，2012；韩健、程宇丹，2018；冀云阳、付文林、束磊，2019），地方政府债务违约风险模型（许有传，2018；郭敏、宋寒凝，2020），动态随机一般均衡模型（马文涛、马草原，2018）。

8.4.3 地方政府债务化解对策

地方政府债务最大的风险来自隐性债务，其风险包括规模风险、偿债风险及管理风险，风险爆发将使宏观经济、金融市场、社会的稳定与发展受到损害（于海峰、崔迪，2010；马洪范，2014；毛捷、黄春元，2018；黄健、毛锐，2018；张志敏、罗茜、赵雪婷，2019；李升、樊佩琪，2019；汪金祥、吴世农、吴育辉，2020）。解决地方政府债务问题的重要途径需要遵循经常性债务与建设性债务分类治理、债务存量和增量分流解决的整体思路，审核把关、动态监控、审计监督、合作治理（赵福昌，2018；朱军、李建强、张淑翠，2018；屈庆、李俊江，2018；李伟、张洋洋，2019）。针对地方政府隐性债务处置不当存在诱发系统性金融风险的可能，学界提出了以资本预算统筹地方政府投融资、优化新增地方政府债务限额分配测算办法、强化金融监管统筹协调等措施以完善隐性债务管理（刘尚希，2018；韩健、向森渝，2018；李升，2018；封北麟，2018；曹远征，2019；杨雅琴、蒋静超，2019）。

参考文献

[1] 樊纲．论“国家综合负债”——兼论如何处理银行不良资产［J］．经济研究，1999（05）：13－19.

[2] 张春霖．如何评估我国政府债务的可持续性？［J］．经济研究，2000（02）：66－71.

[3] 贾康，赵全厚．国债适度规模与我国国债的现实规模［J］．经济研究，2000（10）：46－54.

[4] 王燕，徐滇庆，王直，翟凡．中国养老金隐性债务、转轨成本、改革方式及其影响——可计算一般均衡分析［J］．经济研究，2001（05）：3－12＋94.

[5] 郭琳，樊丽明．地方政府债务风险分析［J］．财政研究，2001（05）：64－68.

[6] 刘尚希，赵全厚．政府债务：风险状况的初步分析［J］．管理世界，2002（05）：22－32＋41.

[7] 刘尚希．财政风险：一个分析框架［J］．经济研究，2003（05）：23－31＋91.

[8] 宋立．市政收益债券：解决地方政府债务问题的重要途径［J］．管理世界，2004（02）：27－34.

[9] 马海涛，吕强．我国地方政府债务风险问题研究［J］．财贸经济，2004（02）：12－17.

[10] 魏加宁．中国地方政府债务风险与金融危机［J］．商务周刊，2004（05）：42.

[11] 王玉国，王稼琼．城市轨道交通投融资模式比较及演变［J］．北京

交通大学学报（社会科学版），2004（04）：16－21.

［12］王晓光．地方政府债务的风险评价与控制［J］．统计与决策，2005（18）：35－38.

［13］马骏，刘亚平．中国地方政府财政风险研究："逆向软预算约束"理论的视角［J］．学术研究，2005（11）：77－84＋148.

［14］洪源，李礼．我国地方政府债务可持续性的一个综合分析框架［J］．财经科学，2006（04）：96－103.

［15］刘莉亚．主权评级、债务困境与货币危机：对新兴市场国家的经验研究［J］．世界经济，2006（12）：18－27＋96.

［16］裴育，欧阳华生．我国地方政府债务风险预警理论分析［J］．中国软科学，2007（03）：110－114＋119.

［17］谢虹．地方政府债务风险构成及预警评价模型构建初探［J］．现代财经（天津财经大学学报），2007（07）：63－65.

［18］贾康，张晓云，王敏，段学仲．关于中国养老金隐性债务的研究［J］．财贸经济，2007（09）：15－21＋128.

［19］刘少波，黄文青．我国地方政府隐性债务状况研究［J］．财政研究，2008（09）：64－68.

［20］伏润民，王卫昆，缪小林．我国地方政府债务风险与可持续性规模探讨［J］．财贸经济，2008（10）：82－87.

［21］封北麟．地方政府投融资平台与地方政府债务研究［J］．中国财政，2009（18）：43－45.

［22］封北麟．地方政府投融资平台的财政风险研究［J］．金融与经济，2010（02）：4－7.

［23］李东荣．关于主权债务危机的若干思考［J］．中国金融，2010（05）：10－12.

［24］贾康，刘微，张立承，石英华，孙洁．我国地方政府债务风险和对策［J］．经济研究参考，2010（14）：2－28.

［25］丁纯．从希腊债务危机看后危机时代欧盟的经济社会状况［J］．求是，2010（07）：57－59.

[26] 郑联盛．欧洲债务问题：演进、影响、原因与启示 [J]. 国际经济评论，2010 (03)：108－121＋5.

[27] 王晓曦．我国政府融资平台的制度缺陷和风险机理研究 [J]. 财政研究，2010 (06)：59－61.

[28] 于海峰，崔迪．防范与化解地方政府债务风险问题研究 [J]. 财政研究，2010 (06)：56－59.

[29] 刘元春，蔡彤娟．论欧元区主权债务危机的根源与救助机制 [J]. 经济学动态，2010 (06)：4－8.

[30] 郑宝银，林发勤．欧洲主权债务危机及其对我国出口贸易的影响 [J]. 国际贸易问题，2010 (07)：9－16.

[31] 李稻葵，张双长．欧洲债务危机：预判与对策 [J]. 经济学动态，2010 (07)：4－12.

[32] 何帆．欧洲主权债务危机与美国债务风险的比较分析 [J]. 欧洲研究，2010，28 (04)：17－25＋159.

[33] 张晓晶，李成．欧债危机的成因、演进路径及对中国经济的影响 [J]. 开放导报，2010 (04)：26－31.

[34] 徐明棋．欧元区国家主权债务危机、欧元及欧盟经济 [J]. 世界经济研究，2010 (09)：18－21＋87.

[35] 周茂荣，杨继梅．“南欧五国”主权债务危机及欧元发展前景 [J]. 世界经济研究，2010 (11)：20－25＋87.

[36] 余永定．从欧洲主权债危机到全球主权债危机 [J]. 国际经济评论，2010 (06)：14－24＋3.

[37] 孙杰．主权债务危机与欧元区的不对称性 [J]. 欧洲研究，2011，29 (01)：30－56＋158.

[38] 马金华．地方政府债务：现状、成因与对策 [J]. 中国行政管理，2011 (04)：90－94.

[39] 黄芳娜．中国地方政府债务管理研究 [D]. 财政部财政科学研究所，2011.

[40] 龚强，王俊，贾珅．财政分权视角下的地方政府债务研究：一个综

述［J］. 经济研究，2011，46（07）：144－156.

［41］郭玉清. 逾期债务、风险状况与中国财政安全——兼论中国财政风险预警与控制理论框架的构建［J］. 经济研究，2011，46（08）：38－50.

［42］黄国桥，徐永胜. 地方政府性债务风险的传导机制与生成机理分析［J］. 财政研究，2011（09）：2－5.

［43］罗传健. 欧洲主权债务危机及其对中欧贸易的影响研究［J］. 国际贸易问题，2011（12）：3－9.

［44］刘尚希，赵全厚，孟艳，封北麟，李成威，张立承. "十二五"时期我国地方政府性债务压力测试研究［J］. 经济研究参考，2012（08）：3－58.

［45］鄂志寰，周景彤. 美国信用评级市场与监管变迁及其借鉴［J］. 国际金融研究，2012（02）：32－40.

［46］沈沛龙，樊欢. 基于可流动性资产负债表的我国政府债务风险研究［J］. 经济研究，2012，47（02）：93－105.

［47］周舟，董坤，汪寿阳. 基于欧洲主权债务危机背景下的金融传染分析［J］. 管理评论，2012，24（02）：3－11.

［48］王叙果，张广婷，沈红波. 财政分权、晋升激励与预算软约束——地方政府过度负债的一个分析框架［J］. 财政研究，2012（03）：10－15.

［49］唐在富. 中国土地财政基本理论研究——土地财政的起源、本质、风险与未来［J］. 经济经纬，2012（02）：140－145.

［50］何杨，满燕云. 地方政府债务融资的风险控制——基于土地财政视角的分析［J］. 财贸经济，2012（05）：45－50.

［51］李扬，张晓晶，常欣，汤铎铎，李成. 中国主权资产负债表及其风险评估（上）［J］. 经济研究，2012，47（06）：4－19.

［52］李扬，张晓晶，常欣，汤铎铎，李成. 中国主权资产负债表及其风险评估（下）［J］. 经济研究，2012，47（07）：4－21.

［53］周小川. 金融危机中关于救助问题的争论［J］. 金融研究，2012（09）：1－19.

［54］巴曙松，尚航飞，朱元倩. 巴塞尔Ⅲ流动性风险监管的影响研究［J］. 新金融，2012（11）：41－45.

[55] 缪小林，伏润民．地方政府债务风险的内涵与生成：一个文献综述及权责时空分离下的思考 [J]．经济学家，2013 (08)：90 - 101.

[56] 李腊生，耿晓媛，郑杰．我国地方政府债务风险评价 [J]．统计研究，2013，30 (10)：30 - 39.

[57] 杨灿明，鲁元平．地方政府债务风险的现状、成因与防范对策研究 [J]．财政研究，2013 (11)：58 - 60.

[58] 吴盼文，曹协和，肖毅，李兴发，鄢斗，卢孔标，郭凯，丁攀，徐璐，王守贞．我国政府性债务扩张对金融稳定的影响——基于隐性债务视角 [J]．金融研究，2013 (12)：57 + 59 - 71.

[59] 范剑勇，莫家伟．地方债务、土地市场与地区工业增长 [J]．经济研究，2014，49 (01)：41 - 55.

[60] 蒲丹琳，王善平．官员晋升激励、经济责任审计与地方政府投融资平台债务 [J]．会计研究，2014 (05)：88 - 93 + 95.

[61] 中国人民银行杠杆率研究课题组，徐诺金，姜再勇．中国经济杠杆率水平评估及潜在风险研究 [J]．金融监管研究，2014 (05)：23 - 38.

[62] 陈菁，李建发．财政分权、晋升激励与地方政府债务融资行为——基于城投债视角的省级面板经验证据 [J]．会计研究，2015 (01)：61 - 67 + 97.

[63] 黄晓薇，黄亦炫，郭敏．人口结构变迁、福利制度错配与主权债务适度规模 [J]．浙江大学学报（人文社会科学版），2015，45 (02)：19 - 33.

[64] 杨娇辉，王伟，王曦．我国对外直接投资区位分布的风险偏好：悖论还是假象 [J]．国际贸易问题，2015 (05)：133 - 144.

[65] 郭敏，黄亦炫，蒋涛．服务于“走出去”战略的主权债务违约风险衡量 [J]．国际贸易，2015 (09)：57 - 63.

[66] 钟辉勇，陆铭．财政转移支付如何影响了地方政府债务？[J]．金融研究，2015 (09)：1 - 16.

[67] 汪莉，陈诗一．政府隐性担保、债务违约与利率决定 [J]．金融研究，2015 (09)：66 - 81.

[68] 吕健．地方债务对经济增长的影响分析——基于流动性的视角 [J]．中国工业经济，2015 (11)：16 - 31.

[69] 马建堂，董小君，时红秀，徐杰，马小芳．中国的杠杆率与系统性金融风险防范［J］．财贸经济，2016，37（01）：5－21．

[70] 任泽平，冯赟．供给侧改革去杠杆的现状、应对、风险与投资机会［J］．发展研究，2016（03）：8－13．

[71] 王永钦，陈映辉，杜巨澜．软预算约束与中国地方政府债务违约风险：来自金融市场的证据［J］．经济研究，2016，51（11）：96－109．

[72] 黄晓薇，黄亦炫，郭敏．老龄化冲击下的主权债务风险［J］．世界经济，2017，40（03）：3－25．

[73] 黄亦炫．隐性主权债务风险传导机制研究——基于欧洲的经验证据［J］．金融理论与实践，2018（03）：23－26．

[74] 吉富星．地方政府隐性债务的实质、规模与风险研究［J］．财政研究，2018（11）：62－70．

[75] 李升．地方政府隐性债务风险及其治理［J］．地方财政研究，2018（12）：58－65．

[76] 李丽珍，安秀梅．地方政府隐性债务：边界、分类估算及治理路径［J］．当代财经，2019（03）：37－47．

[77] 郭敏，黄亦炫，李金培．金融风险、政府救助与主权信用风险［J］．金融论坛，2019，24（05）：68－80．

[78] 温来成，李婷．我国地方政府隐性债务边界的厘清及治理问题研究［J］．中央财经大学学报，2019（07）：18－26＋114．

[79] 马万里．中国地方政府隐性债务扩张的行为逻辑——兼论规范地方政府举债行为的路径转换与对策建议［J］．财政研究，2019（08）：60－71＋128．

[80] 李一花，亓艳萍，祝婕．人大预算监督能改善地方政府债务支出效率吗？［J］．财政研究，2019（11）：37－50．

[81] 张庆君，闵晓莹．财政分权、地方政府债务与企业杠杆：刺激还是抑制［J］．财政研究，2019（11）：51－63．

[82] 马恩涛，姜超，陈媛媛．货币危机、银行业危机与主权债务危机：一个文献研究［J］．财贸研究，2019，30（12）：80－94．

[83] 朱军，寇方超，宋成校．中国城市财政压力的实证评估与空间分布

特征 [J]. 财贸经济, 2019, 40 (12): 20-34.

[84] 缪小林, 赵一心. 地方债对地区全要素生产率增长的影响——基于不同财政独立性的分组考察 [J]. 财贸经济, 2019, 40 (12): 50-64.

[85] 王周伟, 刘少伟, 魏伟, 姚亚伟. 中国地方政府债务风险关联网络的空间特征与影响因素 [J]. 统计与信息论坛, 2019, 34 (12): 22-31.

[86] 滑冬玲. 系统性金融风险隐患及其防范——基于新时代金融安全观分析 [J]. 中国特色社会主义研究, 2019 (06): 28-36.

[87] 丁剑平, 吴洋, 鞠卓. 货币危机、银行业危机和主权债务危机的传染及叠加效应研究 [J]. 国际金融研究, 2019 (12): 43-52.

[88] 陈创练, 郑挺国, 姚树洁. 时变乘数效应与改革开放以来中国财政政策效果测定 [J]. 经济研究, 2019, 54 (12): 38-53.

[89] 王周伟, 赵启程, 李方方. 地方政府债务风险价值估算及其空间效应分解应用 [J]. 中国软科学, 2019 (12): 81-95.

[90] 汪金祥, 吴世农, 吴育辉. 地方政府债务对企业负债的影响——基于地市级的经验分析 [J]. 财经研究, 2020, 46 (01): 111-125.

[91] 郭敏, 宋寒凝. 地方政府债务构成规模及风险测算研究 [J]. 经济与管理评论, 2020, 36 (01): 73-86.

[92] 郭玉清, 薛琪琪, 姜磊. 地方政府债务治理的演进逻辑与转型路径——兼论中国地方政府债务融资之谜 [J]. 经济社会体制比较, 2020 (01): 34-43.

[93] 刘澜飚, 范世成, 邸超伦. 我国地方政府债券定价机制研究——基于城投债信用利差的分析 [J]. 广东社会科学, 2020 (01): 18-29.

[94] 何德旭, 王学凯. 地方政府债务违约风险降低了吗? ——基于31个省区市的研究 [J]. 财政研究, 2020 (02): 9-26.

[95] 张路. 地方债务扩张的政府策略——来自融资平台"城投债"发行的证据 [J]. 中国工业经济, 2020 (02): 44-62.

[96] 郑良海. 地方政府专项债与PPP的相容机制分析 [J]. 经济问题, 2020 (03): 50-57.

[97] 马万里, 张敏. 地方政府隐性举债对系统性金融风险的影响机理与

传导机制 [J]. 中央财经大学学报，2020 (03)：10－18.

[98] 张晓晶，刘磊. 新冠肺炎疫情冲击下稳增长与稳杠杆的艰难平衡 [J]. 国际经济评论，2020 (02)：81－100＋6.

[99] 闫坤，孟艳. 现代货币理论与货币政策、财政政策协调配合的3.0版 [J]. 学习与探索，2020 (02)：101－110.

[100] 刘畅，曹光宇，马光荣. 地方政府融资平台挤出了中小企业贷款吗？[J]. 经济研究，2020，55 (03)：50－64.

[101] 刘哲希，任嘉杰，陈小亮. 地方政府债务对经济增长的影响——基于债务规模与债务结构的双重视角 [J]. 改革，2020 (04)：100－115.

[102] 李升，陆琛怡. 地方政府债务风险的形成机理研究：基于显性债务和隐性债务的异质性分析 [J]. 中央财经大学学报，2020 (07)：3－16＋47.

[103] 徐军伟，毛捷，管星华. 地方政府隐性债务再认识——基于融资平台公司的精准界定和金融势能的视角 [J]. 管理世界，2020，36 (09)：37－59.

[104] 郭敏，段艺璇，黄亦炫. 国企政策功能与我国地方政府隐性债：形成机制、度量与经济影响 [J]. 管理世界，2020，36 (12)：36－54.

[105] 龙小燕，黄亦炫. 美国市政债券发行交易概况及启示 [J]. 债券，2021 (02)：74－78.

[106] Acharya, V., Drechsler, I. and Schnabl, P., "A pyrrhic victory? Bank bailouts and sovereign credit risk", *The Journal of Finance*, 2014, 69 (6), pp. 2689－2739.

[107] Aguiar, M. and Amador, M., "*Chapter 11－sovereign debt*", in E. H. Gita Gopinath, R. Kenneth eds, *Handbook of international economics*, Elsevier, 2014.

[108] Aguiar, M. and Gopinath, G., "Defaultable debt, interest rates and the current account", *Journal of International Economics*, 2006, 69 (1), pp. 64－83.

[109] Aizenman, J., Hutchison, M. and Jinjarak, Y., "What is the risk of european sovereign debt defaults? Fiscal space, CDS spreads and market pricing of risk", *Journal of International Money and Finance*, 2013, 34, pp. 37－59.

[110] Aktug, R. E., Nayar, N. and Vasconcellos, G. M., "Is sovereign

risk related to the banking sector?", *Global Finance Journal*, 2013, 24 (3), pp. 222 - 249.

[111] Alfaro, L. and Kanczuk, F., "Sovereign debt as a contingent claim: A quantitative approach", *Journal of International Economics*, 2005, 65 (2), pp. 297 - 314.

[112] Allen, R. D., "Us government spending, the national debt, and the role of accounting educators", *Journal of Accounting Education*, 2013, 31 (3), pp. 215 - 231.

[113] Ammer, J. and Cai, F., "Sovereign CDS and bond pricing dynamics in emerging markets: Does the cheapest - to - deliver option matter?", *Journal of International Financial Markets, Institutions and Money*, 2011, 21 (3), pp. 369 - 387.

[114] Andersen, T. M., "Increasing longevity and social security reforms—a legislative procedure approach", *Journal of Public Economics*, 2008, 92 (3 - 4), pp. 633 - 646.

[115] Andersen, T. M., "Fiscal sustainability and demographics - should we save or work more?", *Journal of Macroeconomics*, 2012, 34 (2), pp. 264 - 280.

[116] Arnold, I. J. M., "Sovereign debt exposures and banking risks in the current eu financial crisis", *Journal of Policy Modeling*, 2012, 34 (6), pp. 906 - 920.

[117] Arslanalp, S. and Liao, Y., "Banking sector contingent liabilities and sovereign risk", *Journal of Empirical Finance*, 2014, 29, pp. 316 - 330.

[118] Arteta, C. and Hale, G., "Sovereign debt crises and credit to the private sector", *Journal of International Economics*, 2008, 74 (1), pp. 53 - 69.

[119] Ashcraft, A. B. and Santos, J. A. C., "Has the CDS market lowered the cost of corporate debt?", *Journal of Monetary Economics*, 2009, 56 (4), pp. 514 - 523.

[120] Avino, D. and Cotter, J., "Sovereign and bank CDS spreads: Two sides of the same coin?", *Journal of International Financial Markets, Institutions*

and Money, 2014, 32, pp. 72 – 85.

[121] Barro, R. J., "On the determination of the public debt", *Journal of Political Economy*, 1979, 87 (5), pp. 940 – 971.

[122] Barro, R. J., "Optimal debt management", *National Bureau of Economic Research Working Paper Series*, 1995, No. 5327, pp. 1 – 36.

[123] Baum, A., Checherita – Westphal, C. and Rother, P., "Debt and growth: New evidence for the euro area", *Journal of International Money and Finance*, 2013, 32, pp. 809 – 821.

[124] Beirne, J. and Fratzscher, M., "The pricing of sovereign risk and contagion during the european sovereign debt crisis", *Journal of International Money and Finance*, 2013, 34, pp. 60 – 82.

[125] Bi, H. and Leeper, E. M., "Sovereign debt risk premia and fiscal policy in sweden", *National Bureau of Economic Research Working Paper Series*, 2010, No. 15810, pp. 1 – 45.

[126] Blanchard, O. J., "Debt, deficits, and finite horizons", *Journal of Political Economy*, 1985, 93 (2), pp. 223 – 247.

[127] Bohn, H., "The behavior of u. S. Public debt and deficits", *The Quarterly Journal of Economics*, 1998, 113 (3), pp. 949 – 963.

[128] Bordo, M. D., Meissner, C. M. and Stuckler, D., "Foreign currency debt, financial crises and economic growth: A long – run view", *Journal of International Money and Finance*, 2010, 29 (4), pp. 642 – 665.

[129] Brenner, M., Galai, D. and Sade, O., "Sovereign debt auctions: Uniform or discriminatory?", *Journal of Monetary Economics*, 2009, 56 (2), pp. 267 – 274.

[130] Cai, L., "The relationship between health and labour force participation: Evidence from a panel data simultaneous equation model", *Labour Economics*, 2010, 17 (1), pp. 77 – 90.

[131] Chan – Lau, J. A., Liu, E. X. and Schmittmann, J. M., "Equity returns in the banking sector in the wake of the great recession and the european sover-

eign debt crisis", *Journal of Financial Stability*, 2015, 16, pp. 164 - 172.

[132] Checherita - Westphal, C. and Rother, P., "The impact of high government debt on economic growth and its channels: An empirical investigation for the euro area", *European Economic Review*, 2012, 56 (7), pp. 1392 - 1405.

[133] Cooley, T. F., "Government debt and social security in a life - cycle economy: A comment", *Carnegie - Rochester Conference Series on Public Policy*, 1999, 50 (1), pp. 111 - 117.

[134] Cordella, T., Ricci, L. A. and Ruiz - Arranz, M., "Debt overhang or debt irrelevance?", *IMF Staff Papers*, 2010, 57 (1), pp. 1 - 24.

[135] Dieckmann, S. and Gallmeyer, M., "Rare event risk and emerging market debt with heterogeneous beliefs", *Journal of International Money and Finance*, 2013, 33, pp. 163 - 187.

[136] Disney, R., "Population ageing and the size of the welfare state: Is there a puzzle to explain?", *European Journal of Political Economy*, 2007, 23 (2), pp. 542 - 553.

[137] Doi, T., Hoshi, T. and Okimoto, T., "Japanese government debt and sustainability of fiscal policy", *Journal of the Japanese and International Economies*, 2011, 25 (4), pp. 414 - 433.

[138] Driscoll, J. C. and Kraay, A. C., "Consistent covariance matrix estimation with spatially dependent panel data", *The Review of Economics and Statistics*, 1998, 80 (4), pp. 549 - 560.

[139] Eisner, R. and Pieper, P. J., "A new view of the federal debt and budget deficits", *The American Economic Review*, 1984, 74 (1), pp. 11 - 29.

[140] Elgin, C. and Uras, B. R., "Public debt, sovereign default risk and shadow economy", *Journal of Financial Stability*, 2013, 9 (4), pp. 628 - 640.

[141] Enderlein, H., Trebesch, C. and von Daniels, L., 2012, Sovereign debt disputes: A database on government coerciveness during debt crises, *Journal of International Money and Finance* 250 - 266.

[142] Fanti, L. and Spataro, L., "Endogenous labor supply in diamond's

(1965) olg model: A reconsideration of the debt role", *Journal of Macroeconomics*, 2006, 28 (2), pp. 428 – 438.

[143] Faruqee, H. and Mühleisen, M., "Population aging in Japan: Demographic shock and fiscal sustainability", *Japan and the World Economy*, 2003, 15 (2), pp. 185 – 210.

[144] Ferrarini, B., "Proposal for a contingency debt sustainability framework", *World Development*, 2008, 36 (12), pp. 2547 – 2565.

[145] Ferrero, A., "A structural decomposition of the U. S. Trade balance: Productivity, demographics and fiscal policy", *Journal of Monetary Economics*, 2010, 57 (4), pp. 478 – 490.

[146] Forslund, K., Lima, L. and Panizza, U., "The determinants of the composition of public debt in developing and emerging market countries", *Review of Development Finance*, 2011, 1 (3 – 4), pp. 207 – 222.

[147] Frank, N. and Ley, E., "On the probabilistic approach to fiscal sustainability: Structural breaks and non – normality", *IMF Staff Papers*, 2009, 56 (4), pp. 742 – 757.

[148] Furceri, D. and Zdzienicka, A., "How costly are debt crises?", *Journal of International Money and Finance*, 2012, 31 (4), pp. 726 – 742.

[149] Futagami, K. and Nakajima, T., "Population aging and economic growth", *Journal of Macroeconomics*, 2001, 23 (1), pp. 31 – 44.

[150] Galasso, V. and Profeta, P., "How does ageing affect the welfare state?", *European Journal of Political Economy*, 2007, 23 (2), pp. 554 – 563.

[151] Gande, A. and Parsley, D. C., "News spillovers in the sovereign debt market", *Journal of Financial Economics*, 2005, 75 (3), pp. 691 – 734.

[152] Ganelli, G., "The new open economy macroeconomics of government debt", *Journal of International Economics*, 2005, 65 (1), pp. 167 – 184.

[153] Genberg, H. and Sulstarova, A., "Macroeconomic volatility, debt dynamics, and sovereign interest rate spreads", *Journal of International Money and Finance*, 2008, 27 (1), pp. 26 – 39.

[154] Gertler, M., "Government debt and social security in a life - cycle economy", *Carnegie - Rochester Conference Series on Public Policy*, 1999, 50 (1), pp. 61 - 110.

[155] Ghosh, A. R., Ostry, J. D. and Qureshi, M. S., "Fiscal space and sovereign risk pricing in a currency union", *Journal of International Money and Finance*, 2013, 34, pp. 131 - 163.

[156] Gnegne, Y. and Jawadi, F., "Boundedness and nonlinearities in public debt dynamics: A tar assessment", *Economic Modelling*, 2013, 34, pp. 154 - 160.

[157] Goohoon, K., McFarlane, L. and Robinson, W., "Public debt, money supply, and inflation: A cross - country study", *IMF Staff Papers*, 2009, 56 (3), pp. 476 - 515.

[158] Grammatikos, T. and Vermeulen, R., "Transmission of the financial and sovereign debt crises to the emu: Stock prices, CDS spreads and exchange rates", *Journal of International Money and Finance*, 2012, 31 (3), pp. 517 - 533.

[159] Greiner, A., "Public debt in a basic endogenous growth model", *Economic Modelling*, 2012, 29 (4), pp. 1344 - 1348.

[160] Hryckiewicz, A., "What do we know about the impact of government interventions in the banking sector? An assessment of various bailout programs on bank behavior", *Journal of Banking & Finance*, 2014, 46, pp. 246 - 265.

[161] Jin, Y. and Zeng, Z., "Banking risk and macroeconomic fluctuations", *Journal of Banking & Finance*, 2014, 48, pp. 350 - 360.

[162] Kahn, C. M. and Roberds, W., "Transferability, finality and debt settlement", *Journal of Monetary Economics*, 2007, 54 (4), pp. 955 - 978.

[163] Kiley, M. T. and Sim, J. W., "Bank capital and the macroeconomy: Policy considerations", *Journal of Economic Dynamics and Control*, 2014, 43, pp. 175 - 198.

[164] Lima, L. R., Gaglianone, W. P. and Sampaio, R. M. B., "Debt ceiling and fiscal sustainability in brazil: A quantile autoregression approach", *Journal of Development Economics*, 2008, 86 (2), pp. 313 - 335.

[165] Lindh, T. and Malmberg, B., "Demographically based global income forecasts up to the year 2050", *International Journal of Forecasting*, 2007, 23 (4), pp. 553 - 567.

[166] Lisenkova, K., Mérette, M. and Wright, R., "Population ageing and the labour market: Modelling size and age - specific effects", *Economic Modelling*, 2013, 35, pp. 981 - 989.

[167] Lopez - Garcia, M. - A., "On the role of public debt in an olg model with endogenous labor supply", *Journal of Macroeconomics*, 2008, 30 (3), pp. 1323 - 1328.

[168] Magnani, R., "A general equilibrium evaluation of the sustainability of the new pension reforms in italy", *Research in Economics*, 2011, 65 (1), pp. 5 - 35.

[169] Manasse, P. and Roubini, N., "'Rules of thumb' for sovereign debt crises", *Journal of International Economics*, 2009, 78 (2), pp. 192 - 205.

[170] Mehl, A. and Reynaud, J., "Risky public domestic debt composition in emerging economies", *Journal of International Money and Finance*, 2010, 29 (1), pp. 1 - 18.

[171] Milbourne, R. D. and Richards, D. J., "A new view of the federal debt and budget deficits: Comment", *The American Economic Review*, 1986, 76 (5), pp. 1154 - 1155.

[172] Mink, M. and de Haan, J., "Contagion during the greek sovereign debt crisis", *Journal of International Money and Finance*, 2013, 34, pp. 102 - 113.

[173] Mitchener, K. J. and Weidenmier, M. D., "Supersanctions and sovereign debt repayment", *Journal of International Money and Finance*, 2010, 29 (1), pp. 19 - 36.

[174] Pan, H. and Wang, C., "Government debt in the euro area—evidence from dynamic factor analysis", *Economics Letters*, 2012, 115 (2), pp. 272 - 275.

[175] Panageas, S., "Optimal taxation in the presence of bailouts", *Journal of Monetary Economics*, 2010, 57 (1), pp. 101 - 116.

[176] Panizza, U. and Presbitero, A. F., "Public debt and economic growth: Is there a causal effect?", *Journal of Macroeconomics*, 2014, 41, pp. 21 – 41.

[177] Proaño, C. R., Schoder, C. and Semmler, W., "Financial stress, sovereign debt and economic activity in industrialized countries: Evidence from dynamic threshold regressions", *Journal of International Money and Finance*, 2014, 45, pp. 17 – 37.

[178] Reinhart, C. M., Reinhart, V. R. and Rogoff, K. S., "Public debt overhangs: Advanced – economy episodes since 1800", *The Journal of Economic Perspectives*, 2012, 26 (3), pp. 69 – 86.

[179] Reinhart, C. M. and Rogoff, K. S., "From financial crash to debt crisis", *The American Economic Review*, 2011, 101 (5), pp. 1676 – 1706.

[180] Sanz, I. and Velázquez, F. J., "The role of ageing in the growth of government and social welfare spending in the OECD", *European Journal of Political Economy*, 2007, 23 (4), pp. 917 – 931.

[181] Schoenmaker, D. and Siegmann, A., "Can european bank bailouts work?", *Journal of Banking & Finance*, 2014, 48, pp. 334 – 349.

[182] Stângă, I. M., "Bank bailouts and bank – sovereign risk contagion channels", *Journal of International Money and Finance*, 2014, 48, pp. 17 – 40.

[183] Sutherland, A., "Fiscal crises and aggregate demand: Can high public debt reverse the effects of fiscal policy?", *Journal of Public Economics*, 1997, 65 (2), pp. 147 – 162.

[184] Tabata, K., "Population aging, the costs of health care for the elderly and growth", *Journal of Macroeconomics*, 2005, 27 (3), pp. 472 – 493.

[185] Takeuchi, F., "Us external debt sustainability revisited: Bayesian analysis of extended markov switching unit root test", *Japan and the World Economy*, 2010, 22 (2), pp. 98 – 106.

[186] Teles, V. K. and Cesar Mussolini, C., 2014, Public debt and the limits of fiscal policy to increase economic growth, *European Economic Review* 1 – 15.

[187] Van Der Kwaak, C. G. F. and Van Wijnbergen, S. J. G., "Financial

fragility, sovereign default risk and the limits to commercial bank bail – outs", *Journal of Economic Dynamics and Control*, 2014, 43, pp. 218 – 240.

[188] Weinschelbaum, F. and Wynne, J., "Renegotiation, collective action clauses and sovereign debt markets", *Journal of International Economics*, 2005, 67 (1), pp. 47 – 72.

[189] Yakita, A., "Sustainability of public debt, public capital formation, and endogenous growth in an overlapping generations setting", *Journal of Public Economics*, 2008, 92 (3 – 4), pp. 897 – 914.

[190] Yue, V. Z., "Sovereign default and debt renegotiation", *Journal of International Economics*, 2010, 80 (2), pp. 176 – 187.